Margret Nemann
Cilli Scholten

Baustelle Leben

Ein Werkbuch für Frauen-Seelsorge

kfd

*„Die Leute brauchen nicht
soviel nachzudenken,
was sie tun sollten;
sie sollten vielmehr bedenken,
was sie seien."*

Meister Eckhart (1260–1328)

Margret Nemann
Cilli Scholten

Baustelle Leben

Ein Werkbuch
für Frauen-Seelsorge

kfd

Verlag Aschendorff Münster

Den Frauen
in der Katholischen
Frauengemeinschaft
Deutschlands (kfd)
im Bistum Münster
gewidmet

Einbandmotiv:
Cornelia Köster
Pilotfisch – Büro für Kommunikation, Warendorf

Gesamtherstellung: Aschendorff Medien GmbH & Co. KG, Druckhaus
Münster, 2007

Gedruckt auf säurefreiem, alterungsbeständigem Papier ♾

ISBN-10: 3-402-00432-1 ISBN-13: 978-3-402-00432-6

Inhaltsverzeichns

Einleitung

Baustelle Leben – Auf einer Baustelle gibt es viel zu tun, unterschiedliche Arbeiten sind zu erledigen, verschiedene Gewerke zu nutzen. Im Sinne einer Baustelle verstehen wir auch unser Leben; wir werden als Menschen nicht fertig mit uns, mit unseren Aufgaben und Bemühungen am Reich Gottes, bis er uns zur Vollendung führt.

Wir möchten Sie einladen, die Baustelle Ihres Lebens, Ihre Lebensthemen hinter den Alltäglichkeiten aufzuspüren, ihnen nachzuspüren und neue Perspektiven zu gewinnen. Ein Blick in die reiche Tradition unserer Frömmigkeitsgeschichte soll Ihnen helfen, sich zu orientieren und Antworten auf Ihre Fragen zu finden.

Weiter möchten wir Sie anregen, Ihre Haltung zu Menschen und Dingen, zur Um- und Mitwelt zu entdecken und zu überprüfen. Wie für Teresa von Avila ist für uns Gotteserkenntnis ohne Selbsterkenntnis nicht möglich, sodass es gilt, unsere menschliche Existenz radikal (= von der Wurzel her) wahr und ernst zu nehmen. Es geht ums Einlassen und Loslassen, Geben und Nehmen, Lieben und Geliebtwerden als Grundelemente der Menschwerdung. Damit geht es aber letztendlich um die Haltung, die wir zum Leben und zu unserem Alltag einnehmen.

Mit unserem Buch aus der Praxis und für die Praxis wollen wir Sie ermutigen, auf die Baustelle Ihres Lebens zu gehen. Neben einführenden Gedanken zu jedem Thema finden Sie deshalb Bausteine für die Arbeit mit Gruppen, Gottesdienstentwürfe oder geistliche Impulse. Wir möchten Sie damit einladen, Stein für Stein aufzuschichten und an Ihrer eigenen Baustelle zu schaffen.

Münster, im Oktober 2006

Margret Nemann
Cilli Scholten

„Wenn ihr nicht werdet wie die Kinder“

„Wenn ihr nicht umkehrt und wie die Kinder werdet, könnt ihr nicht in das Himmelreich kommen“ (Mk 18,3) – diese Aufforderung Jesu aus dem Matthäusevangelium hilft mir, zum Kern der Botschaft von der Menschwerdung Gottes vorzudringen. Im Kind in der Krippe zeigt Gott auf unüberbietbare Weise, dass er mit uns Menschen ist (= Immanuel), dass er uns einen neuen Anfang schenken will.

Das Kind von Bethlehem, in welchem Gott einer unheilen Welt die Hoffnung auf Heil und Erlösung eröffnet, lädt uns ein, das Geheimnis der göttlichen Geburt in uns und durch uns neu zu vollziehen. Dazu aber bedarf es der Umkehr, der Neuorientierung, die durch eine erneute Kindwerdung geschehen kann. Mit dieser Aufforderung meine ich allerdings keine naive Flucht und auch keine sehnsüchtige Beschwörung einer heilen Welt, vielmehr verbinde ich damit eine Orientierung an so genannten kindlichen Verhaltensweisen, die uns als Erwachsene helfen, wirklich Mensch zu werden und zu bleiben. Was also können wir von Kindern lernen?

– **Das Kind lebt aus dem Augenblick**
  Für das Kind ist nicht wie für den Erwachsenen die Zeit planbar und einteilbar. Es kennt keine Uhr, keinen Terminkalender, sondern gibt sich ganz dem Augenblick hin.
  Deshalb wird für das Kind die Zeit des Wartens oft entsetzlich lang. Wie lang empfinden Kinder z. B. die Wochen bis Weihnachten! Andererseits sind für Kinder Stunden oft im Nu vorüber, wenn sie sich z.B. ganz ihrem Spiel widmen.
  Wie sehr das Erwachsenenleben dagegen oft total verplant ist, spüren viele. Wenn Vieles nicht genau geplant wird, ist es kaum zu schaffen. Was können wir in diesem Dilemma von unseren Kindern lernen? Ich meine: Bei aller Planung könnten wir erneut entdecken, wie kostbar und schön die kleinen Augenblicke sind, die auch jeder erwachsene Mensch hat. Wenn wir uns diesen kleinen Augenblicken wirklich hingeben, wenn wir sie wahrnehmen und nicht wieder verplanen, ist viel gewonnen. Es müs-

sen nicht immer Stunden sein, die ich für mich habe. Zehn Minuten am Abend entspannt in die Flamme einer Kerze schauen, kann schon bewirken, dass ich aus einer anderen Grundhaltung lebe, nämlich aus der Haltung des Vertrauens in den, der die Zukunft in seinen Händen hält.

– **Das Kind liebt Verbundenheit und ist offen für die Begegnung**

Wer ein Kind beobachtet, sieht schnell, dass es nicht gern allein ist. Das Kind möchte mit anderen zusammen sein und zusammen spielen. Durch die Gemeinsamkeit mit anderen vergisst es manches Weh und Leid.

Als Christen glauben wir an einen Gott der Gemeinschaft: Der dreieinige Gott ist von seinem Wesen her Gemeinschaft, und diese Gemeinschaft möchte er auch mit Mensch und Natur. Wie das Kind, das sich unbefangen anderen öffnet und Gemeinschaft sucht, lädt Gott uns ein in seine Gemeinschaft, die Beziehung stiftet zu ihm und untereinander.

Für mich bedeutet diese Einladung, dass durch sie die Schranken unserer Selbstbezogenheit durchbrochen werden. Wenn Menschen nämlich aus der Gemeinschaft mit dem Liebesgeheimnis Gottes ihr Leben gestalten, werden sie ihre Augen öffnen für all das, was um sie herum geschieht, und werden sie geschwisterlich und solidarisch handeln.

Mit der Suche nach Gemeinschaft hängt auch die Offenheit eines Kindes zusammen. Ganz unbefangen öffnet es sich den anderen. Erwachsenen mag diese Unbefangenheit eines Kindes in der Öffentlichkeit manchmal erhebliches Unbehagen bereiten. Das Kind aber sieht Dinge und Menschen, wie sie sind, und sagt es dann auch frei heraus. Und so spricht das Kind aus, was „man“ selber nicht zu sagen wagt.

Für solch eine Offenheit ist auch Jesus bekannt. Immer wieder reißt er den Menschen, die ihre Nächsten vorurteilen, die Maske der Wohlanständigkeit vom Gesicht.

Wenngleich wir Erwachsene dieser Welt nicht so unverblümt wie ein Kind begegnen können, fordert uns diese kindliche Haltung doch zu mehr innerer Wahrhaftigkeit heraus. Sie ermutigt uns, die Dinge, uns selbst und die anderen so zu sehen, wie sie sind, uns selbst nichts vorzumachen und einander authentisch zu begegnen.

- **Das Kind ist aufgeschlossen für das schöpferische Neue**
  Wer Kinder beobachtet, entdeckt schnell, dass sie in kreativer Weise immer wieder Neues hervorbringen. Beim Spiel, beim Gestalten, beim Malen und Singen entstehen ständig neue Einfälle. Dem Neuen, dem das Kind begegnet, steht es voller Staunen und – wenn es ihm gefällt – voller Freude gegenüber.
  Erwachsene dagegen erstarren oft in alltäglicher Routine; der Alltag scheint so vorgezeichnet zu sein, dass es nichts Überraschendes mehr gibt. Orientierung am Kind, das bedeutet dann, wieder aufmerksam zu werden für das, was mir im Alltag entgegen kommt, wieder staunen lernen über die kleinen Überraschungen des Lebens, sei es ein unverhofftes gutes Wort, eine Geste der Zuneigung und was auch immer. Solch eine Haltung lässt uns erfahren, dass wir das Leben nicht selbst machen und besorgen müssen: das Leben ist und bleibt ein Geschenk, das wir staunend entgegen nehmen und kreativ gestalten dürfen.

- **Das Kind lebt aus der Haltung des Vertrauens**
  Ein Kind ist klein, hilfsbedürftig, es bringt noch keinen Nutzen und keine Leistung. Es wird vielmehr um seiner selbst willen geliebt. Von hier lebt das Kind in einem Vertrauen und aus dem Vertrauen, dass es einen Willen, eine Liebe, einen Grund gibt, für den es sich lohnt zu leben, ohne erst etwas machen zu müssen.
  Religiös betrachtet, ist das Kind Symbol für ein Leben, das von einem unbeirrbaren Vertrauen in die Güte des Weltenhintergrundes getragen wird und deshalb der Absicherung nicht bedarf, die das Leben der Erwachsenen formen und manchmal auch deformieren.
  Und so wird jedes Kind zur Anfrage: es fragt uns Erwachsene: „Kannst Du nicht einmal den Mut bekommen zu denken, du wärst auch ohne Leistung und Arbeit berechtigt zu leben? Kannst Du nicht einmal denken, Du selber, Deine Person wäre liebenswürdiger und wertvoller als Deine vorweisbaren Taten? Kannst Du Dich nicht einmal dem Empfinden überlassen, dass Du berechtigt bist zu sein, weil Gott Dich will?“

Wenn wir so leben könnten, wenn wir wirklich zutiefst daran glauben könnten, dass jeder Mensch um seiner selbst willen geliebt und angenommen ist, dann läge darin die Annahme unserer Erlösung durch das göttliche Kind Jesus Christus.
Es geht um unseren Mut, gratis zu leben, aus der gratia, Gnade Gottes zu leben, oder anders gesagt: unser Leben vertrauensvoll in die Hände Gottes zu legen.

Ein geistlicher Weg (nicht nur) durch den Advent: *Wenn ihr nicht werdet wie die Kinder*

Um die Frohe Botschaft von der Kindwerdung Gottes tiefer zu verstehen und sich ihren Verheißungen neu zu öffnen, finden Sie im Folgenden Vorschläge, wie Sie sich in einem Monat Woche für Woche einer Dimension des Kindseins ausführlich widmen und diese in Ihrem Alltag leben können. Für diesen geistlichen Weg eignet sich besonders der Advent, er kann aber auch zu einer anderen Zeit gegangen werden.

Auch wenn Kindsein vielmehr beinhaltet als die hier ausgewählten Aspekte und die genannten Dimensionen sicherlich auch eine ideale Welt der Kindheit zeichnen, die viele Kinder leider nicht erleben, kann doch in jedem Menschen etwas „heil" werden, wenn er sich von folgenden 4 Orientierungen leiten lässt:

1. Ein Kind lebt aus dem Augenblick
2. Ein Kind ist offen für die Begegnung
3. Ein Kind ist spielerisch kreativ
4. Ein Kind lebt vertrauensvoll

Die Gestaltung einer Woche

Im Folgenden finden Sie für jede Woche eine kurze Beschreibung einer kindlichen Haltung, ein Wort aus der Hl. Schrift und einige Anstöße zur Umsetzung dieser kindlichen Dimension in Ihren Alltag.

Mittelpunkt des geistlichen Weges ist dabei die Zusage Gottes selbst. Deshalb möchte ich Sie einladen, sich auf die Worte aus der

Hl. Schrift in besonderer Weise einzulassen. Sie können dies tun, indem Sie sich jeden Tag 10 Minuten für das Schriftwort reservieren. Suchen Sie sich einen ruhigen Platz, zünden Sie eine Kerze an und lassen Sie das Wort einfach auf sich wirken. Halten Sie Ihre Gedanken und Gefühle, alles, was Sie bewegt, einfach Gott hin.

Die aufgeführten Anstöße zur Umsetzung einer kindlichen Dimension wollen Anregung für eigene Ideen sein. Wählen Sie diejenigen aus, die Ihnen eine Hilfe sind.

Leitmotiv für die 1. Woche:
Ein Kind lebt aus dem Augenblick

Das Kind kennt keine Zeiteinteilung, weder Uhr noch Terminkalender; es gibt sich ganz dem Augenblick hin. Es lebt aus dem Hier und Jetzt, plant nicht voraus, sondern kostet den Augenblick.

Wort für die Woche

Empfanget nicht vergeblich die Gnade Gottes. Denn es heißt: „Zu willkommener Zeit erhörte ich dich, und am Tage des Heils half ich dir." Siehe, jetzt ist die hochwillkommene Zeit, siehe, jetzt ist der Tag des Heils (2 Kor 6,1–2)

Anstöße für den Alltag

- Ich lasse mich in dieser Woche nicht verplanen, nehme keine unnötigen Termine wahr.
- Ich schaue, wer mir Aufgaben abnehmen und mir helfen kann.
- Ich schlafe in dieser Woche täglich aus.
- Ich nehme mir für eine Mahlzeit am Tag 10 Minuten mehr Zeit als gewöhnlich und genieße sie.
- Ich lege für einige Stunden meine Uhr ab.
- Ich mache einen Spaziergang und lasse alles zurück, was mich beschäftigt.
- Ich übe, in einem Gespräch ganz anwesend zu sein, und wandere mit meinen Gedanken nicht aus.
- Ich verzichte auf meinen eigenen Druck, perfekt sein zu wollen.
- Ich sage nicht Ja, wenn ich Nein sagen möchte.

- Ich schaue abends auf den Augenblick des Tages, der für mich besonders kostbar war. Ich danke für diesen Augenblick.

Leitmotiv für die 2. Woche:
Ein Kind ist offen für die Begegnung

Unbefangen öffnet sich das Kind anderen und sucht ihre Gemeinschaft. Es mag nicht allein sein, und deshalb wendet es sich anderen zu, teilt sich ihnen mit. Dabei aber sieht das Kind Dinge und Menschen, wie sie sind. Offen spricht es aus, was Erwachsene oft nicht zu sagen wagen.

Wort für die Woche

Und es geschah, als Elisabet den Gruß Marias hörte, hüpfte das Kind in ihrem Schoße, und Elisabet war erfüllt mit heiligem Geiste und rief mit lauter Stimme: „Du bist gebenedeit unter den Frauen, und gebenedeit ist die Frucht deines Leibes! Woher kommt mir dies, dass die Mutter meines Herrn zu mir kommt? Denn siehe, als der Klang deines Grußes in mein Ohr drang, hüpfte das Kind vor Freude in meinem Schoße" (Lk 1,41–44)

Anstöße für den Alltag

- Ich nehme Kontakt zu jemand auf (Brief, Telefonat, Besuch), bei dem/der ich mich schon lange melden wollte.
- Ich entschließe mich, auf andere so zuzugehen, wie ich es für mich selbst wünsche.
- Ich nehme wenigstens eine Mahlzeit am Tag gemeinsam ein mit den Menschen, mit denen ich zusammenlebe.
- Ich ermutige und motiviere mich neu, für die Menschen da zu sein, die mich brauchen. Ich danke für diese Menschen.
- Ich achte in Begegnungen und Gesprächen darauf, mich nicht hinter fremden Meinungen zu verstecken, sondern mich auf meinen eigenen Standpunkt zu beziehen.
- Ich äußere meine Bedürfnisse direkt.
- Ich gehe mit den Menschen in meiner Umgebung feinfühlig und ehrlich um.

- Ich mache mich erneut sensibel für die Zurückgesetzten und Zukurzgekommenen.

Leitmotiv für die 3. Woche:
Ein Kind ist spielerisch kreativ

Ein Kind bringt in kreativer Weise immer wieder Neues hervor. Beim Spielen und Singen, Basteln und Malen entstehen ständig neue Einfälle, über die das Kind staunt und an denen – gefallen sie ihm – es sich freut.

Wort für die Woche

Von Gnade und Recht will ich singen;
dir, o Herr, will ich spielen. (Ps 101,1)

Anstöße für den Alltag

- Ich nehme mir Zeit für kreatives Tun und Spiel.
- Ich singe und musiziere mit anderen (Kindern, Freunden)
- Ich glaube an meine Möglichkeiten und versuche, sie noch mehr auszuschöpfen.
- Ich lasse mir kleine Überraschungen einfallen, um anderen eine Freude zu machen.
- Ich probiere etwas aus, was ich schon immer versuchen wollte.
- Ich folge einem spontanen Einfall.
- Ich gehe auf Entdeckungsreise in meiner näheren Umgebung und suche etwas Schönes aus der Natur für meine Wohnung.
- Ich nehme mir Zeit zum Träumen und Phantasieren.

Leitmotiv für die 4. Woche:
Ein Kind lebt vertrauensvoll

Ein Kind ist klein, hilfsbedürftig, es bringt noch keinen Nutzen und keine Leistung. Es wird vielmehr um seiner selbst willen geliebt. Und so lebt das Kind in einem Vertrauen und aus dem Vertrauen, dass es einen Grund gibt, für den es sich lohnt zu leben, ohne erst etwas leisten zu müssen.

Wort für die Woche

Schaut auf die Vögel des Himmels: sie säen nicht, sie ernten nicht und sammeln nicht in Scheunen, und euer himmlischer Vater ernährt sie. Seid ihr nicht viel mehr (wert) als sie? (Mt 6,26)

Anstöße für die Alltag

- Ich übe, feinfühlig zu sein für Vorgänge, Worte, Gesten, Handlungen, die das Vertrauen fördern.
- Ich bin dankbar für die Menschen, denen ich vertrauen kann und für die, die mir vertrauen.
- Ich spreche mit jemand, dem/der ich vertraue.
- Ich gebe anderen einen Vorschuss an Vertrauen.
- Ich nehme mich vertrauend in meinem Leib wahr:
- Ich gehe schwimmen und spüre bewusst, wie das Wasser mich trägt; ich stelle mich bequem im Raum auf, schließe die Augen und spüre nach, dass ich festen Boden unter den Füßen habe.
- Ich lasse tief in mein Inneres ein, dass Gottes Hand mich hält.

Ein Gebet für jeden Tag

Mein Gott
ich wende mich
Dir zu,
versuche,
dem Geheimnis
des Kindes in der Krippe
neu
auf die Spur zu kommen.
Ich ahne,
dieses Kind
ist
Zeichen
für einen
neuen Anfang;
es ermöglicht
das Wunder der Geburt

auch in mir.
Und so möchte ich
das Kind
in mir
suchen und entdecken,
entfalten und fördern,
ihm vertrauen und
aus ihm leben.
Mein Gott,
wende Dich
mir zu,
damit ich mich
am Kind in der Krippe
orientieren kann,
an
seiner Zärtlichkeit und Hilflosigkeit,
an
seiner Verletzlichkeit und Abhängigkeit,
an
seiner Sehnsucht und seiner Liebe.
Amen.

(Ne)

Gott begegnet im Aufbruch

Komm und geh! Diese Aufforderung hat wohl jeder Mensch schon einmal gehört! Als Kinder haben unsere Eltern uns vielleicht so gerufen und dabei ihre Arme geöffnet, in die wir dann – zunächst mit wackeligen Beinchen und auch mit manchem Sturz – hineingelaufen sind. Später haben andere Menschen – Lehrer/innen, Freund/e/innen, Partner/in – uns mit diesen Worten eingeladen, neue Erfahrungen zu machen und uns unsere Welt zu erschließen. Dabei haben wir gelernt: Nur wer sich in Bewegung setzt, wer sich auf den Weg macht, Unbekanntes zu entdecken und Unvertrautes auszuprobieren, kann sich weiter entwickeln und persönlich wachsen und reifen.

Komm und geh! Diese Einladung richtet auch Gott an uns. Wie Abraham, den Vater der Glaubenden, und unzählige andere biblische Menschen, fordert er auch uns auf, seiner Verheißung eines Lebens in Fülle zu folgen. Er sagt uns zu, dass unser Lebensweg nicht in die Leere führt, sondern in seinen Armen endet.

Dabei ist dieser Weg Gottes mit uns allerdings kein einfacher Spaziergang. Dies zeigen die vielen biblischen Weggeschichten ebenso. Den Spuren Gottes zu folgen, das bedeutet auch Risiko und Zumutung. Wie Abraham oder die Jünger Jesu gilt es auch für uns, Gewohntes zu verlassen, Unbehaustheit zu ertragen und manche dunkle Wegstrecke durchzustehen. Dies ist nicht immer leicht, und so sind wir immer wieder in Gefahr, anderen, nur auf den ersten Blick viel versprechenderen Wegen zu folgen. Diese Wege aber führen letztlich ins Nichts.

Dass Gott uns einen Weg zum Leben in Fülle führen will, dafür steht Jesus Christus. In seinem Leben, in seiner totalen Hingabe an die Menschen und Gott, in seinem Tod und seiner Auferstehung leuchtet uns ein und auf, worin auch unser Lebensweg münden soll. Um zu diesem Ziel zu gelangen, gilt es auch heute mitten in unserem Alltag, den Ruf Jesu am Beginn des Markusevangeliums wahrzunehmen: „Kehrt um! Und: Glaubt der Heilsbotschaft!“ (Mk 1,15) Dieser Ruf fordert uns heraus, den eigenen Lebensweg zu überprüfen und zu fragen, ob wir noch in den Fußstapfen Jesu laufen oder längst anderen Spuren folgen. Dazu aber müssen wir immer wieder innehalten auf unserem Weg, dem Vergangenen nachspüren und wahrnehmen, wo wir seine Zeichen gesehen und seine Stimme gehört bzw. übersehen und überhört haben.

Eine besondere Motivation für mich, immer wieder in die Nachfolge Jesu zu treten, ist seine Zusage, dass er uns Menschen auf unserem Lebensweg nicht im Stich lässt. Selbst wenn wir seine Stimme überhören und seine Zeichen übersehen, lässt er nicht locker, wirbt weiter um uns. Er lädt uns immer wieder ein, ruft uns zu: Komm und geh! Und wenn wir fallen, richtet er uns auf, hält uns – wie früher unsere Eltern – seine Arme entgegen, in die wir laufen dürfen. Das jedenfalls ist eine Erfahrung, die ich hin und wieder in meinem Leben machen durfte und die mich ermutigt, mich wieder in Bewegung zu setzen. Ich weiß: Wenn ich mich auf Jesu Weg begebe, mich an ihm orientiere, wachsen mir neue, bisher ungeahnte Lebensmöglichkeiten zu. Sie erreichen nicht nur mich, sondern auch andere. Deshalb sollten wir immer wieder aufbrechen, uns von ihm rufen und schließlich auch finden lassen. Er begegnet mir und uns allen in unseren Aufbrüchen. Darum fordert er uns auf: „Komm und geh!"

Baustein 1:
Was mich bewegt hat, an diesem(n) Tag(en) teilzunehmen?

In einer kleinen Imaginationsübung werden die TN eingeladen, ihren Weg von der Anmeldung zur Veranstaltung bis hin zum Aufbruch zum Tagungsort nachzuspüren. Danach folgt ein Rundgespräch im Plenum unter folgender Fragestellung: „Was hat mich bewogen, mich für den/die Tag(e) anzumelden, wie bin ich hier? Was möchte ich für mich erreichen?"

Baustein 2:
Woran ich mich auf meinem Lebensweg orientiere – Malübung

Die TN werden ermutigt, ihren bisherigen Lebensweg in Form einer Landschaft zu gestalten, in der viele Verkehrszeichen den

Weg markieren (Vorfahrt, Stopp, Wegweiser, Hindernis usw.) Die Zeichen werden mit Botschaften versehen, an denen sich die TN in ihrem Leben orientieren. Im Anschluss an die Übung erfolgt – je nach Größe der Gruppe – zunächst ein Austausch in der Kleingruppe, anschließend im Plenum.

Baustein 3:
Was ich auf meinem Lebensweg mitnehme und wie ich ihn bewältige

Die TN bekommen ein Arbeitsblatt mit der Abbildung eines Rucksacks. Folgende Fragen werden in einer Einzelarbeit bearbeitet:

- Was habe ich auf meinem Lebensweg mitbekommen?
- Was trage ich gern? Was belastet mich?
- Welche Möglichkeiten sehe ich, meinen „Rucksack" leichter zu machen?
- Welche Bedeutung hat in diesem Kontext die Zusage Jesu für mich: „Seid gewiss: Ich bin bei euch alle Tage bis zum Ende der Welt" (Mt 28,20)?

Nach der Einzelarbeit erfolgt ein Austausch im Plenum, der durch folgenden Text eingeleitet wird:

„Wenn du zum Tor des Lebens gelangen willst,
musst du aufbrechen, einen Weg suchen,
der auf keiner Karte verzeichnet
und in keinem Buch beschrieben ist.

Dein Fuß wird an Steine stoßen
die Sonne wird brennen
und dich durstig machen,
deine Beine werden schwer werden.

Die Last der Jahre wird dich niederdrücken.
Aber irgendwann wirst du beginnen,
diesen Weg zu lieben.
Weil du erkennst, dass es dein Weg ist.

Du wirst straucheln und fallen,
aber die Kraft haben, wieder aufzustehen.
Du wirst Umwege und Irrwege gehen,
aber dem Ziel näher kommen.

Alles kommt darauf an,
den ersten Schritt zu wagen.
Denn mit dem ersten Schritt gehst du durch das Tor.

(aus: Wolfgang Poeplau, Conrad Contzen,
Geh durch das Tor zum Leben, Freiburg 1984)

Die TN werden eingeladen, der Frage nachzugehen und sich darüber auszutauschen, was ihnen dieser Text auf dem Hintergrund der Einzelbesinnung sagt.

Baustein 4: *Gottes Stern im Leben folgen – Die Huldigung der Sterndeuter (Mt 2,1–12)*

Die Gesprächsleiterin liest zunächst Mt 2,1–12 vor. Dann lädt sie die TN zu einer kurzen Einzelbesinnung im Plenum ein, wobei sie folgende Impulse gibt:

- Die Sterndeuter kommen aus der Ferne und suchen Jesus. Wonach suche ich in meinem Leben?
- Ein Stern hat ihnen den Weg gewiesen. Was ist mein „Stern“, meine Hoffnung, mein Leitbild, dem ich nachgehe?
- Die Sterndeuter suchen einen König und finden eine Mutter mit einem kleinen Kind. Was bedeutet es mir, dass Christus mir im scheinbar Alltäglichen begegnen will?
- Die Sterndeuter kehren nicht zu Herodes zurück, sondern gehen einen anderen Weg. Welchen Weg will ich gehen, damit ich „Herodes“ nicht begegne?

Es folgt ein Austausch über diese Impulse in der Kleingruppe und ein Plenumsgespräch unter der weiterführenden Frage: Was habe ich durch Besinnung und Austausch für meinen Lebensweg gewonnen?

Baustein 5:
Kommt, geht mir nach! Übung zu Mk 6, 7–13

Zunächst wird die Schriftstelle von der Jüngeraussendung ein wenig im Plenum besprochen. Dann lädt die Leiterin zu einer Stellübung ein, wobei sie eine Ecke des Raumes als Ort der Aussendung bestimmt; die gegenüberliegende Ecke wird als Ort, wo die Häuser der Menschen sich befinden, gekennzeichnet. Der Raum dazwischen markiert den Weg, auf den die Jünger geschickt werden. Die Leiterin bittet die TN, sich in die Rolle der Jünger zu versetzen und sich zu fragen, inwieweit sie dem Ruf Jesu gefolgt sind: Stehen Sie noch bei Jesus? Befinden sie sich auf dem Weg? Sind sie vielleicht in den Häusern der Menschen? Die TN suchen sich in Ruhe einen Platz. Anschließend erzählen sie von ihrem jeweiligen Standort aus, warum sie sich dort positioniert haben. Die Auswertung der Übung folgt unter dem Impuls: Welchen Impuls aus der Übung nehme ich mit für meinen Glaubensweg?

Baustein 6:
Du führst mich hinaus ins Weite – Mal- bzw. Schreibübung zu Psalm 18

Die Gesprächsleiterin liest den TN den Psalm 18 vor und lädt sie ein, die Bilder dieses Psalms auf sich wirken zu lassen und sich dann ein Bild auszusuchen, welches sie in ihrer jetzigen Lebenssituation anspricht. Die TN geben bei meditativer Musik ihren Gefühlen einen Ausdruck, indem sie entweder ein Bild malen oder ein Gebet formulieren.

Anschließend werden die Bilder und Gebete im Plenum vorgestellt, wobei nach jedem 3. oder 4. Bild bzw. Gebet der Kehrvers gesungen wird: „Du führst mich hinaus ins Weite, du machst meine Finsternis hell“ (GL 712).

Baustein 7:
Mit Gottes Wort in die Zukunft

In der Mitte des Kreises liegen verschiedene Worte aus der Hl. Schrift. Die TN werden eingeladen, sich ein Wort auszusuchen, das sie in der kommenden Zeit begleiten soll. Bei einem Spaziergang zu zweit teilen die TN einander mit, warum sie sich dieses Wort genommen haben.

Folgende Schriftworte eignen sich u. a. für diese Übung: Ps 119, 105; Ps 31, 9; Ps 130, 5-7; Jes 43, 1; Jes 49, 15f; Ps 23, 2; Joh 14,6; Joh 4,14; Lk 8,48; Mt 18,3; Mt 13,44; Joh 12,24; Lk 24, 32; Mt 28,20; Joh 1,39.

Baustein 8:
Mit Gottes Segen weitergehen

Die Leiterin hat verschiedene Segensgebete als Kopien bereit gelegt. Die TN können sich für ihre Lebenssituationen ein Segensgebet aussuchen, das sie auf ihrem weiteren Weg begleiten soll. Die TN bitten um den Segen Gottes mit dem Lied: „Komm, Herr segne uns!" (GL 870)

Weitere Ideen zum Thema:

- Arbeit mit der Geschichte: „Dem wahren Leben auf der Spur" (Heinrich Jürgens, Vollende Deine Geburt: Dem wahren Leben auf der Spur, Innsbruck - Wien 1994)
- Meditative Tänze zum Wegthema
- den eigenen Lebensweg mit Naturmaterialien gestalten
- Symbole für entscheidende Wegstationen finden
- Arbeit mit weiteren biblischen Weggeschichten, z. B. Gen 12,1–9: Abrahams Berufung; Gen 32, 23–31: Jakobs Kampf am Jabbok; Ex 17,1-7: Wüstenerfahrungen auf dem Weg; Rut 1,1–22: Rut und Noemi auf dem Weg:
- 1 Kön 19 ,3–15: Elijas Wegerfahrungen; Lk 8,1–3: Frauen in der Nachfolge Jesu, Lk 24,13–35: Die Emmausjünger.

(Ne)

Veränderungen – eine tägliche Herausforderung

Wenn ich Ihnen einige Gedanken zu den Veränderungen im Leben von Menschen schreibe, ist das ein Thema, das mir unter den Nägeln brennt: Warum fällt es vielen Menschen so schwer, Veränderungen anzunehmen? Ich erlebe, dass sie Sorgen haben, sich schwer tun, dem Wandel und den Entwicklungen im Leben etwas Positives abzugewinnen. Viele haben gar Angst davor, dass sich in ihrem Leben etwas ändert: Sie können sich ein Leben mit diesem oder jenem oder ohne dieses oder jenes nicht vorstellen und halten an dem fest, wie es gerade ist.

Dabei – und das wissen wir meistens – geht es nicht ohne Wandel und Entwicklungen. Wir beobachten den stetigen Wechsel und Wandel in der Natur, wir erleben die Entwicklungen bei unseren Kindern und auch unsere eigenen Dinge, die wir früher einmal wichtig fanden, sind es heute nicht mehr. Andere Dinge werden immer wieder neu von Bedeutung sein oder es gibt (plötzlich) völlig neue Prioritäten in unserem Leben.

Wandel, Krisen, Brüche und Entwicklungen – was unterscheidet sie?

Wandel und Entwicklungen sind Dinge, die geschehen, wir können sie mehr oder weniger beeinflussen. Während ein Wandel sich im Großen, z.B. in der Gesellschaft oder in der Welt beobachten lässt, können wir Entwicklungen bei Menschen wahrnehmen. Entwicklung setzt einen Lernschritt voraus. Als denkende Wesen können wir unsere Entwicklungen planen, steuern und bewerten. Und wir können Entwicklungen verpassen. So können sowohl Wandel als auch Entwicklungen positiv oder negativ bewertet werden.

Das gilt auch für Krisen und Brüche. Krisen und Brüche unterscheiden sich dadurch, dass Krisen sich andeuten. Wir sehen sie kommen, etwa bei einem Menschen, der krank wird, sich nicht mehr erholt und stirbt. Der Kranke selbst und auch die Angehörigen erleben eine Krise als Prozess, in der es Zeit gibt, sich mit den Veränderungen auseinander zu setzen. So verstanden, kann auch eine Eheschließung als eine Krise gesehen werden. Krisen sind also durchaus auch positive Ereignisse.

Ein typisches Beispiel für einen Bruch ist ein schwerer Unfall, vielleicht gar der Tod eines Menschen bei einem Unfall. Ein Bruch ist ein plötzliches Ereignis, dem eine Krise folgen kann. Wir müssen uns mit dem Unabänderlichen abfinden, das Beste daraus machen und den Bruch verarbeiten. Es ist leicht zu erkennen, dass ein Bruch im Leben, ein Knick in der Biographie, ungemein schwerer zu verarbeiten ist als eine Krise. Erleben Menschen einen Bruch in ihrem Leben, ist es gut, eine/n GesprächspartnerIn zu suchen, der/die helfen kann.

Der Weg entsteht im Gehen – ohne Aufbrüche keine neuen Erfahrungen

Entscheidend ist dabei, wie wir die Dinge bewerten: z. B. werden die meisten den Wandel/die Krise bei der Geburt eines Kindes oder Enkelkindes positiv sehen, dennoch können die Gefühle und Fragen, die wir in dieser Krise haben, recht unterschiedlich sein:

- Geht alles gut bei der Geburt?
- Wird die Familie es gemeinsam schaffen?
- Welche Möglichkeiten und Grenzen wird das Kind in seinem Leben erfahren?
- Werde ich lange genug gesund sein, um das Kind zu begleiten?

Am Beispiel der Geburt eines Kindes lässt sich auch verdeutlichen, wie die Entwicklungsschritte aussehen können, die Krise zu bewältigen:

- Setzen sich die Eltern mit den Veränderungen in ihrem Leben auseinander?
- Lernen sie, mit ihren neuen Rollen als Mutter und Vater umzugehen?
- Geben sie dem Kind Möglichkeiten, eigene Schritte zu gehen?

Gelingen diese Entwicklungsschritte, so kann die Krisenbewältigung als positiv bewertet werden. Andernfalls werden wir auch noch Jahre später die Folgen der nicht bearbeiteten Veränderungen sehen und erfahren.

Im Falle der Geburt eines Kindes können wir sehen, dass der Weg beim Gehen entsteht: Eltern wissen, dass alle Vorstellungen, die man sich vor der Geburt eines Kindes macht, mit Sicherheit so nicht eintreffen. Das situative Handeln, das ein Kind den Eltern abverlangt, passt so gar nicht zum planvollen Vorgehen der Erwachsenen. Ich kann dieses bei meinen beiden jüngeren Kindern (fünf und sechs Jahre) sehr gut ablesen: Sie kündigen an, dass sie zum Sandkasten gehen, aber auf dem Weg lockt das Bobbycar. Anschließend wird geschaukelt ... im Sandkasten kommen sie nie an.

Sich aus-einander-setzen, immer wieder aufbrechen!

Sie ahnen schon, worauf ich hinaus will? Wandel und Entwicklungen spielen sich immer außen und innen ab. Krisen und Brüche wollen bewältigt werden. Setzen wir uns nicht mit ihnen auseinander, so verlieren wir die Kontrolle, bekommen Angst vor ihnen. Es findet keine Entwicklung statt, bzw. Entwicklungsmöglichkeiten gehen an uns vorbei. Wir nehmen am Leben nicht mehr wirklich teil.

Ich glaube, dass es zum Aufbrechen langfristig keine Alternative gibt. Stillstand wäre eine. Stillstand wäre der Tod. Wer will schon im Leben tot sein?

An den Schluss meiner Betrachtungen möchte ich Ihnen zwei Texte stellen, mit denen Sie arbeiten können:

Aufbrechen

Aufbrechen – loslassen, losgehen, etwas hinter
sich lassen, einen vertrauten Platz verlassen,
Bewegung gegen die langweilige Sesshaftigkeit,
Mut zu Neuem, Unbekanntem entgegengehen,
Ungewissheit und Selbstsicherheit,
Einsamkeit oder Gruppenerfahrung.

Aufbrechen – da fallen mir alle ein, die an einen
Schatz wollen: an die köstliche Nuss in der
Schale oder an das Gold im Panzerschrank.

Aufbrechen – Knospen, die ihre wohlgehütete
Schönheit freigeben, Siegel, hinter denen sich

ein Liebesbrief verbirgt, Asphalt, wo der Löwenzahn stärker ist, Mauern, die zwischen Menschen, Meinungen und Völkern stehen. Aufbrechen kann man üben. Allein oder gemeinsam, am Rande des Alltags, ein paar Minuten, eine Stunde, ein Wochenende – Abstand nehmen vom Gewohnten, anders sehen, anders hören, anders beten lernen.

(unbekannt)

Lebensstufen

Wie jede Blüte welkt und jede Jugend
dem Alter weicht, blüht jede Lebensstufe,
blüht jede Weisheit auch und jede Tugend
zu ihrer Zeit und darf nicht ewig dauern.
Es muss das Herz bei jedem Lebensrufe
bereit zum Abschied sein und Neubeginne,
um sich in Tapferkeit und ohne Trauern
in and're, neue Bindungen zu geben.
Und jedem Anfang wohnt ein Zauber inne,
der uns beschützt und der uns hilft zu leben.

Wir sollen heiter Raum um Raum durchschreiten,
an keinem wie an einer Heimat hängen,
der Weltgeist will nicht fesseln uns und engen,
er will uns Stuf' um Stufe heben, weiten!
Kaum sind wir heimisch einem Lebenskreise
und traulich eingewohnt, so droht Erschlaffen!
Nur wer bereit zu Aufbruch ist und Reise,
mag lähmender Gewohnheit sich entraffen.

Es wird vielleicht auch noch die Todesstunde
uns neuen Räumen jung entgegen senden:
des Lebens Ruf an uns wird niemals enden.
Wohlan denn, Herz, nimm Abschied und gesunde!

(Hermann Hesse, 1941)

Baustein 1:
Arbeiten mit Gedichten

Lesen Sie die beiden Gedichte jeweils zweimal vor und legen sie in die Mitte. Bitten Sie die Teilnehmerinnen, sich zu einem Gedicht zu stellen. Je nach Anzahl der Personen sollten Sie eventuell mehrere Parallelgruppen bilden.

Leitfragen für die Gruppenarbeit:

- Was spricht mich besonders an, was möchte ich klären?
- Welches Bild/Welche Bilder kommen mir zu Wandlungen/Brüchen in meinem Leben in den Sinn? Welche Bilder hätte ich in meinem Gedicht?
- Wie stehe ich zu Veränderungen in meinem Leben?

Baustein 2:
Arbeiten mit dem Gleichnis vom Schatz im Acker

Nach der Lektüre der Perikope (Mt. 13, 44–46) gehen Sie mit ihrer Gruppe auf die Suche nach den Schätzen in der eigenen Biographie.

- Was ist mir zum Schatz geworden?
- Was war kostbar für mich?
- Durch welche Begegnungen bin ich bereichert worden?
- Wofür möchte ich Dank sagen?

Lassen Sie die Schätze auf Edelsteine aus Tonpapier schreiben. Lassen Sie die Schätze vorlesen und symbolisch in eine Schatzkiste legen. Schließen Sie ein Gebet und ein Danklied an. Der Mann wird diesen Schatz mit Freude und in aller Ruhe betrachtet haben, bevor er ihn wieder eingrub. Jetzt wusste er um diesen Schatz und kaufte den Acker. So ist er im Besitz des Schatzes, der es wert ist, seinen ganzen Reichtum dafür einzusetzen. Wichtig ist das Wissen darum, einen Schatz zu haben und den Ort dieses Schatzes zu kennen.

Diese Schätze kann Ihnen keiner nehmen. Es sind Schätze, die Sie geprägt haben, denen „kein Wurm und keine Motte“ etwas anhaben können. (Mt. 6, 19.20)

Baustein 3:
Alles hat seine Zeit (Pred. 3,1–8)

Um über Veränderungen im persönlichen Leben, in der Gemeinde oder im Verband ins Gespräch zu kommen, eignet sich der Predigertext.

Lassen Sie nach dem Verlesen des Textes einige Minuten Zeit, damit sich jede(r) eine Zeile aussuchen kann, die im Moment passend ist. Kommen Sie über Ihre Passage ins Gespräch.

Lesen Sie anschließend Pred. 3,10–14 und führen Ihr Gespräch weiter:

- Wie verändert sich die Perspektive angesichts des zweiten Textteiles?
- Wo sind die Grenzen meiner Möglichkeiten?
- Was heißt es für mich, in Gottes Ordnung zu sein?

Zum Abschluss Ihrer Einheit lesen Sie den gesamten Text noch einmal vor und beenden die Arbeit mit ausklingender Musik.

(CS)

Das Wort, das Dir gut tut, kannst Du Dir nicht selber sagen

Wer hat nicht schon einmal die Erfahrung gemacht, die hinter dieser Feststellung liegt: „Das Wort, das Dir gut tut, kannst Du Dir nicht selber sagen."? Wir erleben in unserem Alltag, dass es manchmal nichts nutzt, sich selbst zu loben und sich selbst zu sagen, dass man etwas toll gemacht habe. Stattdessen brauchen wir die Rückmeldung der Anderen, ihr Lob und ihre Anerkennung. Noch brisanter ist es, wenn wir uns schuldig gemacht haben. Da sind wir angewiesen auf das Wort der Vergebung oder die befreiende Geste unserer Mitmenschen.

Woran aber liegt das? Warum können wir uns in bestimmten Situationen unseres Lebens nicht selber aufbauen, uns selbst die Worte sagen, die uns gut tun? Ich glaube, der Grund dafür liegt in der Befindlichkeit des Menschen, in unserer Beschaffenheit, von der Martin Buber sagt: „Am Du werde Ich!" und „Ich werdend spreche ich Du!" Kurzum: Nur in der Begegnung mit anderen erfahre und erkenne ich, wer ich bin.

Wie sehr diese Aussage „Am Du werde Ich" stimmt, lässt sich besonders an der Entwicklung eines Kindes zeigen. Ein neugeborenes Kind hat keine Vergangenheit, keine Erfahrungen im Umgang mit sich selbst und keinen Maßstab, an dem es seinen eigenen Wert messen könnte. Es muss sich verlassen auf die Erfahrungen mit seiner Umwelt und die Botschaften, die es von dort bekommt hinsichtlich seines Wertes als Mensch. Jedes Wort, jeder Ausdruck im Gesicht oder in der Haltung, jede Handlung der Eltern geben dem Kind einen Hinweis über seinen Wert. Bevor ein Kind zum Reden kommt, muss es angesprochen werden. Ohne Anrede und Zuwendung kann kein Kind gedeihen. Dies musste schon Kaiser Friedrich II. (1194–1250) erfahren. Von ihm wird erzählt, er habe zwei kräftige Säuglinge von Wärterinnen bestens versorgen lassen, nur durften die Wärterinnen niemals auch nur ein Wort zu den Säuglingen sagen. So wollte der Kaiser herausfinden, in welcher Sprache die Kinder von sich selber reden würden, wenn sie nicht die Sprache ihrer Mutter lernten, welches also die Ursprache der Menschheit sei. Es ist anzunehmen, dass die „Stummheit" der Wärterinnen Hand in Hand ging mit einem kühlen, distanzierten Verhalten, das den Kindern auch keine nonverbale Zuwendung und Ermutigung gab. Die beiden Säuglinge starben. Zeigt dieses Beispiel nicht eindrücklich die Wahrheit unseres Satzes: „Das Wort, das Dir gut tut, kannst Du Dir nicht selber sagen"?

Wenn aber kein Kind ohne Ansprache, ohne Zuwendung, ohne die Botschaften der Eltern oder Bezugspersonen wachsen und gedeihen kann, dann sind gerade diese Botschaften entscheidend für die Entwicklung eines Kindes. Nach Virgina Satir, der großen Familientherapeutin aus den USA, sind es diese Botschaften der ersten Lebensjahre, die das Selbstwertgefühl eines Menschen bestimmen. Erfährt ein Kind in seiner Familie, dass es wichtig und wertvoll ist, dass es dem Leben und der Welt trauen kann, wird es Stärke entwickeln und auch Niederlagen und Rückschläge wegstecken können. Und es wird sich in bestimmten Situationen – und hier ist dann der Ausgangssatz etwas differenzierter zu sehen – selber Mut machen und sich Worte zusprechen können, die ihm gut tun. Dies vermag aber nur ein Mensch mit einem gesunden Selbstwertgefühl, welches – wie angeführt – zunächst in der Familie erlernt wird. Haben Menschen dieses Selbstwertgefühl in ihrer Ursprungsfamilie nicht erlernt, sind sie z.B. eher durch solche Botschaften geprägt wie: „Das schaffst Du nie!", oder: „Was auch immer Du tust, es reicht nicht!" usw., müssen sie später im Leben oft hart an sich arbeiten, um ein Gefühl für ihren eigenen Wert zu entwickeln.

Auch wenn Menschen mit einem gesunden Selbstwertgefühl sich also durchaus in bestimmten Situationen selber Worte sagen, die ihnen gut tun und sie so gereift sind, dass sie nicht zu jeder Zeit auf die Anerkennung anderer schielen, bleibt dennoch die Wahrheit unseres Satzes erhalten. Es sind ihnen nämlich zu Beginn ihres Lebens, in ihren frühen Lebensjahren die Worte und Botschaften mit auf den Lebensweg gegeben worden, die ihnen für ihr ganzes Lebens gut tun, und die sie sich zu Anfang eben nicht selber sagen konnten. Darüber hinaus brauchen auch solche gereiften Menschen die Rückmeldung und Anerkennung durch Andere.

Wir können also festhalten: Jeder Mensch braucht die Erfahrung des Angenommenseins, die Erfahrung, anerkannt und geliebt zu sein, die Erfahrung, einen Namen zu haben. Dabei machen wir diese Erfahrung aber leider immer nur bedingt. Die aufgezeigten Elternbotschaften haben es gezeigt: Neben der Erfahrung der Geborgenheit und der Annahme gibt es für jeden Menschen auch Erfahrungen der Verlassenheit, des Nichtwahrgenommenseins, der tiefen Enttäuschung. Unsere Sehnsucht nach bedingungsloser Liebe bleibt ungestillt. Menschen lieben immer nur bruchstückhaft. Für niemanden ist es selbstverständlich, erwünscht und bejaht zu sein, so dass die Frage bleibt: Was ist der letzte Grund dafür, dass Menschen sich immer wieder Worte mitteilen können, die ihnen gut tun: Worte, die ihnen sagen, dass es gut ist, dass sie da sind, und zwar um ihrer selbst willen und nicht wegen ihres Könnens oder sozialen Prestiges?

Für mich liegt dieser letzte Grund darin, dass es EINEN gibt, der uns bedingungslos liebt, der etwas vermag, was wir selber nicht können, nämlich uns in unserer Begrenztheit und Endlichkeit unbegrenzt und unendlich zu lieben. Und weil es diesen EINEN gibt, weil es Gott gibt, der Ja zu mir sagt, so wie ich bin, deshalb kann ich auch mich selbst und Andere annehmen, auch wenn ich mich selbst und Andere sich nicht liebenswert zeigen.

Das wird in Jesus anschaulich. Durch sein Leben leuchtet auf, dass wir alle geliebte Töchter und Söhne Gottes sind – und zwar ohne Bedingungen, ohne Wenn und Aber. An seinem Leben und seinem Umgang mit Menschen können wir ablesen: Er stellte Menschen in die Mitte, schaute sie liebevoll an, und viele Menschen spürten, wie ihre Verhärtungen und Verkrustungen sich lösten, ihre Verletzungen und Wunden anfingen zu heilen. Die unbedingte Zuwendung Gottes zum Menschen in seiner Endlichkeit und Begrenztheit ist die Grundwahrheit der Geschichte Jesu. Er bürgt im Namen Gottes dafür, dass der Mensch Ja zu sich selbst sagen, sich selbst annehmen kann, weil Gott ihm seine Liebe zusagt. Und so haben wir alle in unserer Taufe die Zusage bekommen: „Du bist mein geliebter Sohn, Du bist meine geliebte Tochter!" – ein Wort, das wir uns nicht selber sagen können, das wir uns aber immer wieder zusagen lassen dürfen und aus dem wir leben und unser Leben gestalten können.

Baustein 1:
Hinführung zum Thema

Die TN werden eingeladen, sich zu zweit oder zu dritt im Plenum zu so genannten „Murmelgruppen“ zusammen zu finden und sich darüber auszutauschen, in welchen Situationen ihres Alltags sie erfahren haben, dass andere ihnen ein gutes Wort gesagt haben, das sie sich selbst nicht sagen konnten. Im anschließenden Plenum kann dann der Frage nachgegangen werden, woran es liegt, dass Menschen der Ansprache der Anderen bedürfen (Buber: Am Du werde Ich!)

Baustein 2:
Elternbotschaften, die zum Leben führen

Bei diesem Baustein sollte die Gesprächsleiterin die TN zunächst in die Thematik einführen.

Unter Elternbotschaften verstehen wir die Prägung eines Menschen durch seine Herkunftsfamilie, sein erstes Bezugssystem. Diese Botschaften kommen zum Ausdruck im Verhalten und in den Worten der Eltern/Bezugspersonen gegenüber ihren Kindern. Dabei gibt es solche Handlungen und Redewendungen, die Kinder in ihrer Entwicklung fördern, aber auch solche, die hinderlich auf dem weiteren Lebensweg sind. Botschaften wie: „Das schaffst Du schon!“, „Probier es mal“, „Aus Fehlern lernt man“ usw. usf. helfen zum Leben, Botschaften wie „Streng Dich an!“, „Sei perfekt!“ usw. blockieren den Menschen dagegen oft als Erwachsenen. Es gehört zur Reifung und persönlichen Entwicklung, dass der Mensch sich als Erwachsener bewusst mit diesen Botschaften auseinander setzt. Ein Tipp: Den eigenen Elternbotschaften kommt man am besten auf die Spur, indem man über typische Verhaltensweisen und Redewendungen der Eltern/Bezugspersonen nachdenkt.

Wenn hier nur die förderlichen Elternbotschaften thematisiert werden, sollen damit die hinderlichen nicht nivelliert werden. Die Thematik der Einheit, bei der es um Zusagen geht, legt es allerdings nahe, sich einmal bewusst dem zuzuwenden, was einem Menschen zum Leben verholfen hat.

Die Gesprächsleiterin lädt die TN ein, sich in einer Einzelarbeit auf Sätze, Verhaltensweisen in der Herkunftsfamilie zu besinnen, die sie in ihrer Entwicklung gefördert haben. Im Anschluss an die Einzelbesinnung erfolgt – je nach Gruppengröße – zunächst ein Austausch in der Kleingruppe und dann im Plenum. Das Plenum sollte die Arbeit unter dem Leitgedanken weiter führen: „Was ist mir in meiner Einzelarbeit (und im Gruppengespräch) hinsichtlich unseres Themas: „Das Wort, das Dir gut tut..“ (neu) bewusst geworden?“

Achtung! Sollte ein/e TN keinen Einfall zu einer förderlichen Elternbotschaft haben, sollte die Gesprächsleiterin ihn/sie nicht bedrängen. Ermutigen Sie diese/n TN vielmehr danach zu schauen, welche förderlichen Botschaften er/sie später im Leben wahrgenommen hat.

Baustein 3:
Zusagen aus der Hl. Schrift

Dieser Baustein soll dazu dienen, den TN die Lebenszusage Gottes bewusst zu machen. Dazu hat die Gesprächsleiterin verschiedene Schriftzitate vorbereitet, die wie ein Los eingerollt und zusammen gebunden werden. Jede/r TN zieht ein Los. Die TN tauschen sich zunächst in Kleingruppen über ihr Wort und dessen Bedeutung aus. Das anschließende Plenum steht unter dem Thema: „Wenn ich an die Arbeit in der Kleingruppe denke, welcher Gedanke beschäftigt mich dann noch?“

Geeignete Schriftstellen sind u. a.: 1 Kön 3,14; Jes 42,6; 43,1; 57,15; Jer 24,7; Ez 11,19; 37,5; Mt 28,20; Lk 3,22; 11,9; 19,5; Joh 4,14; 6,35; 10,10; 14,1f; 1 Joh 3,20; Offb 21,3f.

Baustein 4:
Abschluss

Alle an die TN „verlosten“ Schriftzitate liegen (groß kopiert) in der Mitte des Stuhlkreises. Die TN werden eingeladen, die Worte noch einmal auf sich wirken zu lassen und dabei der Frage nachzugehen: „Mit welchem Wort/ welcher Zusage möchte ich nach Hause gehen?“

Auf diese Weise entsteht für die TN die Freiheit, das ihnen zugeloste Wort durch ein anderes auszutauschen.

Baustein 5:
Ergänzende bzw. alternative Bausteine

1. Impulse für ein Gruppengespräch

- In welchen Situationen Ihres Alltags brauchen Sie besonders gute Worte von Ihren Mitmenschen?
- Wann fällt es Ihnen leicht, wann schwer, selber Anderen ein gutes Wort zu sagen?
- Manchmal reagieren wir auf anerkennende Worte anderer mit Sätzen wie: „Ist doch nicht der Rede wert!" Woher kommt Ihrer Meinung nach diese Reaktion, und wie empfinden Sie solch eine Antwort?
- Wenn Sie an Ihr Leben denken, in welchen Situationen haben Sie besonders erfahren, dass das Wort Gottes Ihnen gut tut?
- Durch welche gesellschaftlichen Realitäten fühlen Sie sich als Christ/in herausgefordert, die Zusage Gottes einem jeden Menschen zu verkünden und erfahrbar zu machen?

2. Arbeit mit einer Bibelstelle

Für ein Schriftgespräch eignen sich u. a.:

- Lk 3,21–22: Die Taufe Jesu
- Lk 19, 1–10: Die Zachäusgeschichte
- Joh 5,1–9: Die Heilung des Gelähmten

(Ne)

Wüstenerfahrungen – Zeichen und Sinnbild des Lebens

Die Wüste ist mehr als ein geographischer Ort; sie ist Zeichen und Sinnbild für unser Leben, spiegelt wesentliche Erfahrungen unseres Lebens wider. Dabei weiß jede/r, der/die schon einmal in der Wüste gelebt hat, dass diese ein doppeltes Gesicht hat.

Zum einen zeigt sie sich als trockenes, dürres oder steiniges Land. Sie tritt uns als Weite oder Öde, Leere und Schweigen entgegen. Wer sich in die Wüste begibt, muss mit Trockenheit und Endlosigkeit, sengender Hitze und eisiger Kälte, gefährlichen Sandstürmen und Bedrohungen aller Art rechnen. Menschen erleben in der Wüste Einsamkeit, Verlassenheit, Hunger und Durst, möglicherweise den Tod.

Zum anderen aber gibt es wohl nirgendwo so faszinierende Naturereignisse wie in der Wüste. Jene, die der Wüste begegnet sind, berichten nicht selten von tief beglückenden und befreienden Erlebnissen, so z.B. von einem Nachthimmel, an dem die Gestirne nur so glitzerten. Und wer einmal das öde Land in voller Blüte sehen durfte, wird diesen überwältigenden Anblick wohl niemals vergessen.

Spüren wir einmal diesen Bildern der Wüste nach und fragen wir uns, was diese Bilder uns über unser Leben lehren können.

Versteppung und Verwüstung unserer Erde und unserer Herzen

Wenn ich mir das Bild der Wüste vor Augen führe, fallen mir zunächst Fernsehbilder ein, die eine zunehmende Versteppung und Verwüstung unserer Erde zeigen. Durch die Ausbeutung unserer Natur, durch Kahlschlag von Wäldern und Umweltzerstörung aller Art sind weite Teile ehemals fruchtbaren Landes von Versteppung und Verwüstung bedroht.

Wie dieser Raubbau an der Natur den Protest und den Widerstand vieler Menschen hervorgerufen hat, sollte dies m. E. auch für eine andere Art von Versteppung und Verwüstung geschehen: Ich meine die Verwüstung der Herzen. Wenn es in unserer Gesellschaft zunehmend mehr Menschen gibt, die trotz allen Wohlstandes ihr Leben öde und leer empfinden, wenn sich Menschen bei uns allein gelassen und einsam fühlen, Hunger und Durst nach Verständnis und Zuwendung haben, sind dies Wüstensituationen im Leben, die nicht einfach hinzunehmen sind. Gleiches gilt auch für die allenthalben anzutreffende Gleichgültigkeit und Orientierungslosigkeit vieler Menschen, die Zunahme von Gewalt und die Sucht nach Profit, der alles geopfert wird.

Diesen Verwüstungen müssen wir Einhalt gebieten, indem wir Alternativen aufzeigen und uns um eine christliche Wertorientierung bemühen. So können wir z.B. durch einen einfachen persönlichen Lebensstil zeigen, dass solch ein Leben Ruhe, Gelassenheit und Zeit füreinander bringt.

In die Wüste schicken

Einschreiten müssen Christen aber auch da, wo unsere Gesellschaft Menschen buchstäblich in die Wüste schickt, wo sie mit bestimmten, z.B. nicht leistungsstarken Menschen nichts zu tun haben will. Bedenken wir darüber hinaus, dass die Wortwendung „jemanden in die Wüste schicken“ von der jüdischen Sündenbockpraxis herrührt, stoßen wir noch auf ein weiteres Problem, dem es entgegenzuwirken gilt. Wenn die Juden nämlich einem Bock zeichenhaft ihre Schuld, Verfehlungen und Sünden auferlegt haben, ihn dann in die Wüste jagten, damit er dort außerhalb der menschlichen Gemeinschaft zugrunde geht und mit ihm die auferlegte Schuld und Sünde, so stellt sich mir die Frage, wo wir eigentlich mit unserer Schuld, unserem Versagen und unserer Schwäche bleiben. Haben wir uns nicht ganz andere Sündenböcke geschaffen? Schieben wir nicht allzu schnell die Schuld auf Andere, auf die Wirtschaft, die Strukturen usw., weil es in unserem persönlichen und beruflichen Kontext kaum erlaubt ist, Fehler zu machen und Schwächen einzugestehen? Solch eine Entwicklung finde ich nicht nur gefährlich, sie ist für mich eine Verwüstung humanen Lebens, gegen die Christen sich wehren sollten.

Wüste als Ort heilsamer Erfahrung

Neben diesen lebensfeindlichen Bildern gibt es allerdings auch eine andere Erfahrung von Wüste, die Menschen zu allen Zeiten gemacht haben. Menschen gehen freiwillig in die Wüste, um ihr Leben zu erneuern und Gott zu suchen. Voraussetzung für diese Gottsuche ist allerdings die Begegnung und Auseinandersetzung mit sich selbst, die eine große Herausforderung darstellt. In der Weite und Einsamkeit der Wüste kann niemand sich selbst ausweichen; da gibt es keine Flucht vor Ablenkung, da ist der Mensch mit seinen Gedanken, Gefühlen und Bedürfnissen allein. Und diese Begegnung mit sich selbst ist alles andere als ungefährlich. Die Bibel nennt diesen Vorgang Begegnung mit dem Teufel; die Mönchsväter bezeichnen diese Auseinandersetzung als Kampf mit den Dämonen, womit sie die Kräfte, Gedanken und Gefühle in uns meinen, die wir bewusst nicht wollen. Es sind die Schattenseiten, die es in jedem Menschen gibt: Es sind Gefühle von Neid und Missgunst, von Macht und Herrschsucht usw. Diesen Anfechtungen und Versuchungen, die uns alle bis ans Lebensende begleiten, muss sich jeder Mensch stellen. Nur durch sie hindurch bekommen wir ein Gespür für den wahren Gott, nehmen wir auch existenziell den immensen Abstand zwischen ihm und uns wahr.

Deshalb stellen diese Versuchungen für die Wüstenväter auch eine Herausforderung dar, an der wir als Menschen wachsen und reifen können. Dies erzählt eine kleine Geschichte: Ein böser Mann ärgerte sich über eine junge, schöne Palme. Um ihr zu schaden, legte er ihr einen großen Stein in die Krone. Doch als er nach Jahren wieder an diesen Ort kommt, ist die Palme größer und schöner geworden als alle anderen ringsherum. Der Stein zwang sie, ihre Wurzeln tiefer in die Erde zu graben. Und so konnte sie auch höher empor wachsen. Wie der Stein in der Geschichte sind auch die Versuchungen in unserem Leben eine Herausforderung für uns, unsere Wurzeln tiefer in Gott hinein zu treiben und unser Vertrauen auf Gott zu setzen.

M.E. ist eine solche Sicht auf Anfechtungen und Versuchungen in unserem Leben hilfreich, befreit sie uns doch von einem falschen Perfektionismusstreben. Wem es nämlich vor allem darauf ankommt, korrekt zu sein, der wird vor lauter Angst vor etwaigen Fehlern am Leben vorbeigehen. Solch ein Leben wird verkümmern. Das Rechnen mit der Versuchung, die Gewissheit, dass die Versuchung zu uns gehört, macht uns menschlicher, oder wie die Mönche sagen: demütiger. Um die Versuchung zu wissen, ohne von ihr überwältigt zu werden, das ist ein Weg, der lebendig hält. Er erinnert immer wieder daran, dass wir uns nicht selbst erlösen können, sondern dass Gott allein uns verwandeln kann.

In der Wüste lebendig werden

Neben dieser Auseinandersetzung mit uns selbst lehrt die Wüste uns aber noch andere Verhaltensweisen, die für unsere Lebendigkeit wichtig sind. So können wir in der Wüste unser Wahrnehmungsvermögen schulen. Die Wüste, die Einsamkeit und Stille in ihr, lehren uns, unsere Sinne zu gebrauchen: Zu hören, was wir sonst überhören, zu sehen, was wir leicht übersehen, zu riechen und zu schmecken, was in der Überfülle unserer Konsumgesellschaft kaum mehr möglich ist. Die Offenheit unserer Sinne ermöglicht uns sodann auch die Stimme Gottes mitten in der Wüste zu hören und seinen Anruf wahrzunehmen.

Weiter lehrt uns die Wüste, uns frei zu machen. Denn die Wüste durchqueren kann nur der, der leichtes Gepäck hat. Von hier stellt sich uns die Frage, womit wir uns eigentlich täglich belasten, was wir uns alles auf den Rücken laden oder laden lassen, woran wir zu schwer tragen, um die Wüste zu bestehen.

Wenn es nirgends so eindrückliche Naturereignisse wie in der Wüste gibt, ist diese auch ein Ort, an dem man das Staunen neu lernen kann. Staunen wir über unser Leben, über das, was wir sooft unverdientermaßen geschenkt bekommen ebenso wie über die Naturereignisse?

Schließlich lassen sich in jeder Wüste Oasen und Quellen finden, ohne die niemand die Wüste bestehen kann. Wir alle brauchen solche Oasen, Orte, an denen wir auftanken und Kräfte für die Wüsten unseres Lebens und Glaubens sammeln können. Dabei lehrt uns die Wüste, dass diese Quellen nicht immer leicht zu finden sind. Und so müssen wir auch wohl in unserer persönlichen Lebensgeschichte und in der Glaubensgeschichte unserer Kirche oft tief bohren, um zu den Quellen lebendigen Lebens zu gelangen.

Von der Erfahrung des Volkes Israel lernen

Schauen wir auf die Erfahrung des Volkes Israel, vermittelt uns diese noch eine andere Wüstenerfahrung, die ich nicht unerwähnt lassen möchte. Für Israel ist der Weg aus der Knechtschaft Ägyptens nur möglich über die Wüste. 40 Jahre wandert das Volk durch die Wüste, um ins Gelobte Land zu gelangen. In dieser langen Wüstenzeit erlebt Israel Resignation und Müdigkeit, das Volk murrt und klagt; aber ebenso erfährt es gerade in der Wüste immer wieder seinen Gott als Wegbegleiter, wird ihm seine treu sorgende Zuwendung zuteil. Und so kann die Geschichte Israels auch uns Mut machen, die Wüstenzeiten unseres Lebens auszuhalten und zu überwinden. Die Wüste ist nicht das Ziel; sie will bestanden werden, wollen auch wir das „Gelobte Land" erreichen.

Baustein 1:
Hinführung zum Bild der Wüste durch Sinnsprüche

Die Gesprächsleiterin legt Sinnsprüche zum Bild der Wüste aus und lädt die TN bei meditativer Musik ein, die Sprüche auf sich wirken zu lassen und sich einen Spruch auszusuchen. Die TN stellen sich anhand des von ihnen ausgewählten Spruches einander vor.

(Eine Fundgrube für solche Sprüche ist folgendes Buch: Matthias Kopp [Hrsg.], Die Wüste lehrt das Leben neu. Hundert Worte über die Weisheit der Wüste. Verlag Neue Stadt: München - Zürich - Wien 2000.)

Baustein 2:
Die Wüste als Zeichen und Sinnbild unseres Lebens – Was die Wüste uns lehren kann!

Ausgehend von den Sinnsprüchen zur Wüste lädt die Gesprächsleiterin zu einem Brainstorming ein, wofür das Bild der Wüste alles stehen kann. Die Einfälle werden auf Plakatkarton notiert und im Gespräch vertieft. Die Gesprächsleiterin kann – soweit sie mag – die Gedanken der TN durch kurze Inputs ergänzen.

Baustein 3:
Eine „Wüstenzeit" mitten im Alltag

In einem Kleingruppengespräch werden folgende Impulse erörtert:

- Was sagt Ihnen das Bild von der „Wüstenzeit"?
- Welche Gedanken und Empfindungen verbinden Sie mit der Aufforderung, sich mitten im Alltag eine „Wüstenzeit" zu nehmen?
- Können Sie sich vorstellen, für sich etwas zu gewinnen, wenn Sie die nächsten Wochen bewusst in die „Wüste" gehen? Worin könnte dieser Gewinn bestehen?

Das anschließende Plenumsgespräch kann unter der Fragestellung stehen: Was geht mir aus unserem Kleingruppengespräch noch nach? Was beschäftigt mich jetzt?

Baustein 4:
Mit Jesus den Versuchungen widerstehen und der Lebensmacht Gottes trauen

Dieser Baustein thematisiert die Versuchung Jesu in der Wüste nach Mt 4, 1–11. Die Perikope kann in folgenden Schritten erarbeitet werden.

1. Gemeinsam wird der Text gelesen.
2. Erschließung der 3 „Versuchungsbilder" im Gespräch (1. Versuchung: = ausschließliches Vertrauen auf die Befriedigung körperlicher Bedürfnisse; 2. Versuchung: = allein auf die Kraft der eigenen Identität setzen; 3. Versuchung: = Macht über andere)
3. Bei meditativer Musik den Antworten Jesu nachspüren: Dazu hat die Gesprächsleiterin die entsprechenden Verse (Mt 4,4. 7.10.) groß kopiert und mit gutem Abstand voneinander im Raum verteilt. Die TN werden eingeladen, die einzelnen Schriftworte „abzuschreiten", sie auf sich wirken zu lassen und sich einen Standort zu suchen, der ihnen entspricht. Nach 5–7 Minuten fordert die Gesprächsleiterin die TN auf, einander mitzuteilen, warum sie sich gerade diesen Standort gewählt haben.

Baustein 5:
Verheißung der Wüste

Wüste,
statt Buntheit
sind spärliche Töne gesetzt.
Du weißt, deine Fußspur
verweht vielleicht schon sehr bald.
Aber du weißt auch,
es bleibt dem Weg
dennoch Erinnerung an deinen Schritt,
dein Name geschrieben in Sand.
Du selbst liest ihn neu.
Vielleicht wieder fortgehen
in die Wüste,
um zu spüren: Du bist?
Sprachlos geworden
hören wir besser dein Wort.
In der Kargheit wächst Fülle,
und du bist unterwegs schon zu uns
mit deiner Verheißung der Wüste.

(Heike Kriegbaum, Wüste will blühen. Gebete der Sehnsucht
Styria: Graz - Wien - Köln 1999, S.171)

(Ne)

Tugenden neu entdecken

Mut zur Tugend – diese Aufforderung ist vielen Menschen nach wie vor fremd. Wenngleich mit Ulrich Wickerts „Das Buch der Tugenden“[1] der Tugendbegriff an der ein oder anderen Stelle wieder salonfähig geworden ist, haftet ihm doch bei vielen Menschen noch der Staub der Jahrhunderte an. Sie denken bei Tugend schnell an die so genannten bürgerlichen Tugenden wie Sparsamkeit, Fleiß, Pünktlichkeit usw. – Tugenden, die vor ihnen das Bild eines preußischen Beamten entstehen lassen, der pedantisch und perfektionistisch seine Pflicht erfüllt, dabei aber am Leben vorbeigeht und verkümmert. Solch ein „tugendhafter“ Mensch ist alles andere als attraktiv. Ebenso wenig erstrebenswert erscheint das Bild einer „tugendhaften“ Frau in dem Sinne, sich möglichst adrett und keusch, dafür aber mit wenig fraulicher Ausstrahlung zu präsentieren.

Wenn also in unserem Alltag der Tugendbegriff immer noch vorwiegend negativ besetzt ist, warum lohnt es sich dennoch, diesen Begriff wieder zu beleben und „Mut zur Tugend“ zu fordern?

Um diese Frage zu beantworten, ist zunächst ein Blick in die Geschichte hilfreich. Dieser zeigt uns nämlich, dass für die alten Griechen Tugenden Kräfte sind, die in unserer Persönlichkeit angelegt sind, die wir durch fortgesetzte Übung entwickeln und entfalten. Bei den Tugenden handelt es sich also nicht um Verhaltensweisen, die durch Gebote und Gesetze von außen an uns herangetragen werden, sondern um die emotionalen und kognitiven Fähigkeiten und Kräfte jede/s/r Einzelnen, das sittlich Gute zu verfolgen. Für Platon und Aristoteles ist Tugend, areté (= die wesensgemäße Bestheit einer Sache oder Person), die Eigenschaft eines Menschen, die ihn überhaupt erst zum Menschen macht, weil er durch sie zu dem kommt, was sein Wesen ausmacht. Diese Eigenschaft konkretisiert sich in einzelnen Haltungen, die im Zusammenleben mit Anderen eingeübt werden und die dem eigenen Leben wie der Gemeinschaft dienen. Für die antiken Philosophen ist also derjenige Mensch tugendhaft, der nach einem guten Leben strebt, indem er die eigenen Potenziale zu Fähigkeiten und Fertigkeiten im menschlichen Miteinander entwickelt. Dabei verbinden sie dieses Einüben mit Leichtigkeit und Freude, sodass wir mit Brantschen Tugend folgendermaßen definieren können: „Tugend ist die durch Übung gewonnene Fertigkeit und Haltung, etwas gut zu tun und das Gute leicht, gern und mit Freude zu vollbringen. Oder einfacher gesagt: Es ist schön – und auch vorteilhaft –, gut zu sein.“[2]

Lassen wir diesen Tugendbegriff auf uns wirken, ist er alles andere als verstaubt und verschroben. Im Gegenteil: Dieser Begriff zeigt auf – wie es der Wortstamm sagt –, was Menschen lebenstauglich und lebenstüchtig macht. Es geht darum zu entdecken, was in einem steckt, welche Dispositionen ein Mensch mitbringt, die entwickelt und entfaltet werden wollen und die den Menschen zu dem machen, der er in seinem Innersten ist. Weiter beinhaltet dieses Verständnis von Tugend, dass es Freude macht, sich den Herausforderungen des Lebens zu stellen und an ihnen durch die Entfaltung der eigenen Kräfte zu wachsen. Und schließlich betont dieser Begriff die sittliche Entscheidungsfähigkeit des Menschen und seine Freiheit, indem er für den Einzelnen die Frage impliziert: Entspricht diese oder jene Haltung dem, was mein Wesen ausmacht und was mir zum Leben dient? Dass eine solche Frage nichts mit Beliebigkeit und schon gar nichts mit vorschneller Bedürfnisbefriedigung zu tun hat, versteht sich von der anthropologischen Position her, die den Einzelnen immer in eine menschliche Gemeinschaft eingebettet sieht. Von hier dient dem Einzelnen dann nur das, was auch den Anderen dient.

Gerade diese Frage aber, was jede/r/m Einzelnen in der menschlichen Gemeinschaft zum Leben dient, kann nur ein tugendhafter Mensch beantworten: ein Mensch, der eine bewusste ethische Identität entwickelt hat. Dazu aber braucht es nach wie vor Mut. Dann geht es darum, der eigenen inneren Stimme zu folgen und auszuscheren aus dem, was „man“ denkt, sagt oder tut. Dies kann aber wohl nur ein Mensch, der Ich-Stärke erlangt hat, sich in diese immer wieder einübt und bereit ist, stets neu zu fragen: Was ist von mir in dieser oder jener Situation gefordert? Wel-

1 Ulrich Wickert (Hrsg.), Das Buch der Tugenden. Ausgewählte Texte aus Philosophie, Literatur, Recht, Soziologie und Politik (München 1995).

2 Nikolaus Brantschen, Vom Vorteil, gut zu sein. Mehr Tugend – weniger Moral (München 2005) S. 25.

che meiner Verhaltensweisen muss ich weiter entwickeln und profilierter praktizieren, damit das Leben insgesamt humaner wird? Wenn es den jungen Menschen aus dem Kreis der „Weißen Rose“ während des Dritten Reiches gelungen ist, sich der Nazi-Diktatur zu widersetzen und dafür mit ihrem Leben zu bezahlen, ist solch eine Haltung nicht einfach vom Himmel gefallen. Durch ihre Erziehung, ihre Erfahrungen in Familie und gesellschaftlichen Gruppen, durch ihre Studien, ihre ständigen Auseinandersetzungen mit ethischen Fragen u. a. mehr konnten diese jungen Leute sich schulen und ihre Kräfte und Fähigkeiten nach und nach entfalten, sodass sie schließlich aus einer inneren Notwendigkeit heraus ihrem Gewissen folgen mussten und Widerstand leisteten.

Der eigenen inneren Stimme folgen – dies gilt auch für uns, wenngleich von uns in unserer freiheitlich-demokratischen Gesellschaft – Gott sei Dank – solch ein heroisches Verhalten wohl nicht gefordert ist. Diese innere Stimme zu hören und ihr zu folgen, vermag aber nur der Mensch, der sich immer wieder öffnet und der bereit ist, stets neu zu lernen und sich den Anforderungen des Alltags zu stellen, damit er darin als Persönlichkeit wachsen und reifen kann.

Baustein 1:
Annäherung an das Thema und Begriffsklärung

Die Gruppenleiterin legt in die Mitte des Stuhlkreises ein großes Plakat, auf dem die Umrisse eines Menschen gezeichnet sind und das die Aufschrift enthält: „Ein tugendhafter Mensch ist für mich ...“ Die TN werden eingeladen, ihre Einfälle in die Zeichnung zu schreiben. Indem die Gesprächsleiterin auf die gesammelten Assoziationen eingeht, erläutert sie im Gespräch mit den TN den Tugendbegriff.

Baustein 2:
Einstellung einer persönlichen Tugendliste

Für die folgende Übung hat die Gesprächsleiterin verschiedene Tugenden auf Karten geschrieben und sie in die Mitte des Stuhlkreises gelegt. Die TN werden zunächst eingeladen, sich die Tugenden anzuschauen und auf sich wirken zu lassen. Danach erhält jede/r TN 10 leere DIN-A6-Karten, um darauf solche Tugenden zu notieren, die für das eigene Leben wichtig sind. Dabei können die TN auf die in der Mitte liegenden Tugenden zurückgreifen, müssen es aber nicht. In einem nächsten Schritt erfolgt dann die Einladung, die persönlichen Tugenden in eine Rangfolge zu bringen. In einem sich anschließenden Gespräch – je nach TN-Zahl in der Kleingruppe oder im Plenum – stellen die TN ihre „Tugendliste" vor und begründen ihre Entscheidung.

Baustein 3:
Mut zur Tugend – Stellübung

Damit die TN für sich klären können, wie viel Mut es sie kostet, ihre Tugenden im Alltag zu verwirklichen, lädt die Gesprächsleiterin die TN zu einer Stellübung ein. Dazu stellt sie einen Stuhl, der den Mut zur Tugend symbolisiert, in die Mitte des Stuhlkreises. Die TN werden aufgefordert, sich zu diesem Stuhl zu positionieren, also durch Nähe bzw. Distanz ihren Mut zur Tugend zu bestimmen. Nachdem die TN ihre Position gefunden haben, können sie – soweit sie dies möchten – der Gruppe erzählen, was sie bewogen hat, diese Stellung einzunehmen.

Im Anschluss an die Übung erfolgt ein Gespräch unter folgender Fragestellung: „Was hindert mich – was fördert mich, Mut zur Tugend zu zeigen?"

Baustein 4:
Auf dem Weg der Tugend – mein nächster Schritt

Damit die TN ihren persönlichen Ertrag aus den Gesprächen und Übungen heraus kristallisieren können, eignet sich zum Abschluss die Frage nach dem nächsten Schritt auf dem Weg zur Tugend. Dazu hat die Gesprächsleiterin „Fußspuren" vorbereitet, auf denen die TN ihren nächsten Schritt notieren können. Wer mag, kann der Gruppe mitteilen, welchen Schritt er/sie tun will.

Baustein 5:
Weitere Ideen zur Erarbeitung des Themas

- Arbeit an den Kardinaltugenden (Klugheit, Gerechtigkeit, Tapferkeit, Maß): Diese Tugenden können durch Symbolbilder, die im Internet in einer reichen Fülle zu finden sind, erschlossen werden.
- Arbeit mit Märchen zu einzelnen Tugenden, z.B. „Das tapfere Schneiderlein"; „Der Fischer und seine Frau"; „Hans im Glück" usw.
- Arbeit mit Stellengesuchen und Stellenausschreibungen unter der Fragestellung: Welche Tugenden werden hier gefordert? Welche spielen keine Rolle? Welche Konsequenzen ziehen Sie für sich daraus?

(Ne)

Eine eigene Spiritualität entwickeln

Glücklich die Kirche, die nicht blind
ihren eigenen Traditionen vertraut,
doch auch nicht kritiklos auf jede neue Masche hereinfällt.
Glücklich die Kirche,
die nicht nur milden Spott übrig hat für das unsichere
Suchen und Fragen der Menschen.
Und auch nicht gereizt reagiert,
wenn sie selber Spott erfährt und belächelt wird.
Glücklich die Kirche,
die Freude gewinnt aus dem Glauben,
dass ein rettender, befreiender Gott hinter ihr steht,
die nie aufhört zu fragen,
welche Konsequenzen jetzt aus diesem Glauben zu ziehen sind.
Eine solche Kirche könnte Ort der Menschlichkeit sein
in einer unmenschlichen Welt.

(U. Seidel, Glücklich die Kirche. Psalm 1, erster Teil, in: KJG [Hg.], Beten durch die Schallmauer. Impulse und Texte, KJG Verlag, Düsseldorf)

Die befreiende Botschaft Jesu ist nicht gleichzusetzen mit geschichtlich gewordenen Formen des Christentums; sie durchbricht auch heute Denk- und Lebensmuster und lädt uns ein, eigene Menschen zu sein/zu werden. U. a. hat die feministische Theologie in den vergangenen Jahrzehnten viele Impulse gesetzt, die befreiende Botschaft Jesu für Frauen und Männer neu zu entdecken. Gerade in den letzten 20 Jahren konnte die (feministische) Textauslegung immer deutlicher zeigen, welche ungewöhnliche und wichtige Rolle z.B. Frauen in der Jüngerschaft Jesu und in den frühen christlichen Gemeinden gespielt haben. Akzeptiert man zwei Grundannahmen neuerer Wissenschaftstheorie, so ergeben sich gleichsam Impulse für die theologische Arbeit:

1. Wir beginnen zu ahnen, wie tief greifend wir alle durch unsere abendländische Kultur geprägt sind, und zwar gerade nicht nur in unseren Gewohnheiten und in den Strukturen unseres Zusammenlebens, sondern ebenso in allem, was wir zunächst als „Natur gegeben" erleben.

2. Wir beginnen zu verstehen, wie sehr wir Menschen und auch unsere Religion, unser Glaube geschichtlich sind und damit der geschichtlichen Entwicklung unterworfen ist. Jeder religiöse wie kirchliche Text ist damit immer ein Kind seiner Zeit, den es auf seine Sinnhaftigkeit für das heutige religiöse/kirchliche Leben zu überprüfen gilt.

Catharina Halkes nennt zwei Wurzeln feministischer Theologie:

- Das Bedürfnis der Frauen, aus ihren eigenen Glaubenserfahrungen heraus über menschliche Beziehungen und auch über die Beziehung zwischen weiblichen Menschen und Gott nachzudenken und dies auszudrücken.
- Der Wunsch von Männern wie Frauen, der Theologie, den kirchlichen Strukturen und der kirchlichen Verkündigung ihre Einseitigkeit zu nehmen.

Beide Wurzeln lassen sich auch in unseren Gemeinden und in den Verbänden finden, wobei oft die zweite zunächst deutlicher sichtbar und ausdrücklicher vertreten ist: Menschen leiden an der konkreten Gestalt der institutionellen Kirche, erklären diese jedoch zunächst oft mit der menschlichen Unzulänglichkeit der Amtsträger. Sie übersehen dabei jedoch meist den Zusammenhang mit der patriarchalen Struktur der institutionellen Kirche.

Immer wieder lassen sich Reaktionen großer Erleichterung bei Gemeindemitgliedern erleben, wenn sie entdecken, dass ihre Fragen, Anfragen und Wünsche, die sie schon lange mit sich herum getragen haben, von anderen geteilt werden. Sie entdecken dabei, dass ihre Wünsche und Vorstellungen gar nicht so unvernünftig oder gar „idealistisch" sind. Im Austausch mit anderen können wir immer wieder entdecken, dass es äußerst vernünftig ist, sich mit bestimmten verhärteten Strukturen in der Kirche nicht abzufinden und praktische Auswege für scheinbar Unmögliches zu suchen. Christinnen und Christen haben vielfach sehr konkrete Vorstellungen von einer geschwisterlichen Gemeinde, von einer geschwisterlichen Kirche. Die Zahl derer nimmt zu, die konkrete Erfahrungen mit dem Ausgeschlossensein von Entscheidungen machen.

Menschen reagieren unterschiedlich auf die Erfahrungen des Ausgeschlossenseins. Von außen werden Gläubige häufig als brav und angepasst eingeschätzt, in Wirklichkeit sind wir oft und zunehmend wach und offen für Neues. Oft kämpfen wir in einem beharrlichen Kleinkrieg um „kleine Selbstständigkeiten", zu einem Teil sind wir uns der Stagnation im kirchlichen Raum bewusst und doch immer wieder voller Hoffnung, dass mit viel Geduld etwas zu ändern sei.

Doch es gibt auch die Anderen, z. B.

- die voller Angst sind und meinen, dass alles ins Wanken gerät, wenn Traditionen und das, was sie einmal gelernt haben, nicht mehr gelten soll. Sie fragen sich, ob alles falsch war,
- die voller Bitterkeit und Resignation sind, die sich benutzt und ausgenutzt fühlen; es sind Menschen, die sich über viele Jahre ihres Lebens sehr in der Kirche/in der Pfarrei engagiert haben und die mehr oder weniger lautlos aus der Kirche ausziehen,
- diejenigen, die ebenfalls viele Jahre in der Pfarrei und dem kirchlichen Raum engagiert waren, aber heute überzeugt sind, dass die Institution mit Verständnis und gutem Willen nicht zu verändern sei. Sie suchen deshalb nach eigenen kleinen Schritten am Rande der Institution;
- die Vielen, die sich längst aus dem kirchlichen Bereich zurückgezogen haben, aber immer noch Formen christlichen Glaubens suchen und die zum Teil sehr engagiert in der Friedens- und Eine-Welt-Arbeit sind.

Auch die erste Wurzel feministischer Theologie lässt sich in der Praxis und an der Basis wieder finden: sei es in Bibelgesprächen, sei es in Frauengottesdiensten oder im alltäglichen solidarischen Miteinander.

Wir erkennen mehr und mehr, dass es wichtig und notwendig ist, unseren Glaubenserfahrungen Gestalt zu geben, das Wort zu ergreifen und uns miteinander auszutauschen. Wir wollen uns mit allen Lebensvollzügen in die Gemeinde einbringen. Im Austausch miteinander entdecken Einzelne, dass sie nicht allein sind mit ihren Anfragen an gängige Interpretationen und festgelegte Praxis. Gemeinsam entwickeln Menschen so einen neuen Umgang mit der Bibel insgesamt und insbesondere mit dem Neuen Testament. Sie entwickeln ebenfalls eigene Ausdrucksformen und Symbole, ohne dabei die positiven Anteile der eigenen Traditionsgeschichte über Bord zu werfen. Sie machen sich auf die Suche nach Informationen und werden in ihrem Bemühen gerade durch die feministische Exegese ermutigt und unterstützt.

Wir sollten an der Basis unsere Arbeit weiterentwickeln! *Was können wir als vom Geist erfüllte Menschen in der Kirche tun?*

Anders ausgedrückt könnte die Frage auch so lauten: Wie können wir uns in der Kirche so engagieren, dass wir gleichzeitig zu einer neuen Form des Kircheseins finden?

Das ist eine schwierige Frage, die durch ein Beispiel verdeutlicht werden soll: Bei einer Befragung in der kfd gibt ein hoher Prozentsatz der befragten Frauen auf die Frage, was für Änderungen sie sich in der Zukunft wünschen, an, dass sie sich mehr Anerkennung durch den Pfarrer wünschen. Das heißt mehr Anerkennung ihrer Arbeit und mehr Anerkennung ihrer selbst.

Diese Antwort der Frauen ist einerseits ein Hinweis darauf, dass viele Frauen spüren, dass etwas nicht stimmt. Es ist ein Hinweis, dass man ihnen Anerkennung, die ihnen zusteht, versagt. Zugleich ist diese Antwort auch ein Zeichen dafür, dass die Frauen die Lösung von der Leitung, von Veränderungen des Verhaltens in der Institution erwarten.

Mit diesem Wunsch wird jedoch letztlich die Abhängigkeit nicht gelöst: Es geht hier eher um eine Verbesserung des bestehenden Abhängigkeitsverhältnisses, nicht aber um seine Auflösung. Letztlich spüren viele, dass wir, um uns selber wohl und richtig zu fühlen, die Anerkennung vonseiten einer Autorität brauchen. Ein Angelpunkt konkreter Spiritualität an der Basis muss demnach die *Entwicklung eines eigenständigen Selbstwertgefühls* sein. Oder wie Frère Roger es einmal sagte: „Lebe das, was du vom Evangelium verstanden hast, aber lebe es."

Dann ist es möglich, gerechte Kooperationsbedingungen und eine Beteiligung an den Entscheidungsprozessen zu verlangen und notfalls auf die Anerkennung der Gemeindeleitung zu verzichten. Es geht also letztlich nicht um Kampf, sondern um das eigenständige Entwickeln einer eigenen Identität von Christinnen und

Christen in der Kirche. Und unser Problem wird noch komplexer angesichts der Tatsache, dass es in unserer Kirche Frauen wie Männer gibt, die die Selbstwerdung des Christenmenschen blockieren oder fördern. Das heißt, wir brauchen eine sehr differenzierte Betrachtungsweise auf das, was wir als Wirklichkeit beschreiben.

Das eben Gesagte bedeutet aber auch, dass Gemeindemitglieder nicht von vornherein schon in der Lage sind, gegenseitig Anerkennung zu geben und zu nehmen. Demnach müsste ein zweiter Schwerpunkt in der Gemeindearbeit sein, zu lernen, voneinander Anerkennung anzunehmen und sie uns gegenseitig zu geben. Das heißt zugleich, dass wir uns gegenseitig stark sein lassen. Für die Entwicklung eines spirituellen Weges bedeutet dieses, dass es elementar auf die eigene Haltung ankommt: Welches Bild habe ich von mir selbst und den Menschen, die mir begegnen? Welche Werte sind für mich unveränderlich, wo kann und will ich Toleranz gegenüber anderen Wertmaßstäben üben?

In den Gemeinden können und müssen wir lernen, uns Solidaritätspartnerinnen zu suchen, ohne diejenigen, die nicht mit uns auf einem Weg sind, gleich abzuwerten. Wir können lernen, dass viele Dinge gleich-gültig, gleichwertig sein können, ohne dass wir selber uns bedroht fühlen müssen. Spirituelle Arbeit bedeutet also letztlich, mich selber für das einzusetzen, was ich verstanden habe.

(Ich danke den Theologinnen Cathrina Halkes, Evi Meyer, Luise Schrotthoff, Christel Voß-Goldstein und Martina Blasberg-Kuhnke für grundlegende Gedanken und Anregungen)

Baustein 1:
Weiterentwicklung von Gemeindearbeit

Kopieren Sie den Einführungstext zu diesem Kapitel und tragen Sie ihn einer Gruppe vor. Gut ist es, wenn Sie ihn gleichzeitig als Textvorlage für alle zur Verfügung haben. Lassen Sie nach Ihrem Vortrag Zeit für Nachfragen.

– In Untergruppen sollte über den Text gesprochen werden. Leitfragen könnten sein: Was spricht mich an, wovon grenze ich mich ab? Welche Idee(n) gibt es, die der Weiterentwicklung von Pastoral nutzen?

– Plenum: Welche Themen für die Gemeindearbeit kommen mir in den Sinn? Wie können wir eine einladende Gemeinde sein? Halten Sie die Ergebnisse auf einem Plakat fest.

Baustein 2:
Bibelarbeiten zu Grundhaltungen

Wenn Sie einen ganzen Tag Zeit haben, können Sie eine Bibelarbeit anschließen: Die Auferweckung des Lazarus (Joh 11,17–44), die Frau am Jakobsbrunnen (Joh 9,7–26), die blutflüssige Frau (Lk 8,40–48).

– Teilen Sie ihre Gruppe in Kleingruppen ein und geben folgende Arbeitsaufträge: Wie agieren die beteiligten Personen in der Perikope? Wie erreichen sie ihr Ziel?
– Schließen Sie ein Plenum an: Welche Ansätze sehe ich für meinen Alltag? Was möchte ich aus diesem Tag für mich mitnehmen, in den Alltag umsetzen?

Baustein 3:
Textarbeit

Die einfachste Weise mit dem Text von U. Seidel umzugehen, ist ihn als Meditationstext zu verwenden. Weitere Möglichkeiten bieten sich, indem Sie ihre Teilnehmerinnen an den letzten drei Zeilen des Textes arbeiten lassen.

– In einer Einzelarbeit soll jede(r) die fünf wichtigsten Konsequenzen für den Glauben aufschreiben und sie in eine Reihenfolge bringen.
– In einer Kleingruppenarbeit wird versucht, aus den Beiträgen der einzelnen TeilnehmerInnen wiederum die fünf wichtigsten Konsequenzen für die Gruppe zu benennen.
– Im Plenum werden daraus Regeln für den Alltag in der Gemeinde/in der Gruppe entwickelt. So entstehen die „10 Gebote“ für das Miteinander.

(CS)

Aus den Unterschieden lernen – Maria und Marta als Exempel

Zwei Frauen, wie sie unterschiedlicher nicht sein können.

Die eine kraftvoll und lebendig: Eine Frau der Tat, die ihren Weg weiß, scheinbar untrüglich ist ihr Instinkt.

Marta nimmt in Lk 10,38 den wandernden Jesus auf und kümmert sich um ihn. Und dennoch stellt sie ihre Anfrage: „Herr, kümmert es dich nicht, dass meine Schwester die ganze Arbeit mir allein überlässt? Sag ihr doch, sie soll mir helfen!"

Im Johannesevangelium (Joh.11, 17–44) geht sie Jesus entgegen. Ihr Bruder Lazarus ist bereits seit vier Tagen tot. „Herr, wärest Du hier gewesen, dann wäre mein Bruder nicht gestorben. Aber auch jetzt weiß ich: Alles worum Du Gott bittest, wird Gott dir geben". Als Jesus ihr antwortet, dass ihr Bruder auferstehen wird, bekennt sie sich zur Auferstehung am letzten Tag.

Jesus erklärt sich für diejenigen, die an ihn glauben, als die Auferstehung und das Leben und fragt Marta, ob sie das glaubt. Marta ist diejenige, die hier als erste das Messiasbekenntnis formuliert: „Ja Herr, ich glaube, dass du der Messias bist, der Sohn Gottes, der in die Welt kommen soll." (V. 27)

Der Name Marta bedeutet übersetzt „Herrin". In manchen Übersetzungen ist auch „Hausherrin" gebräuchlich.

Anders hingegen Maria. Die jüngere Schwester scheint im Schatten ihrer Schwester und ihres Bruders zu stehen. Sie sitzt dem Herrn zu Füssen und lauscht seinen Worten (Lk 10,39). Im Johannesevangelium (s.o.) bleibt sie im Haus und lässt sich trösten. Erst als ihre Schwester nach ihr schickt, macht sie sich auf den Weg und geht mit Jesus zum Grab ihres Bruders. Sie weint und erregt so mit ihrer Klage das Mitleid Jesu. Sie fällt ihm zu Füßen und sagt zu ihm ebenfalls: „Herr, wärst Du hier gewesen, wäre mein Bruder nicht gestorben!" Doch sie fordert den Meister nicht auf, etwas zu unternehmen. Es bleibt bei diesem Satz.

Es gibt verschiedene Übersetzungen des Namens, die uns verschiedene Assoziationen zu dieser Frau anbieten; die von Gott erhöhte Frau, fruchtbar, die schöne, aber auch die wohlgenährte oder widerspenstige/ungezähmte Frau.

Die beiden Schwestern scheinen in einem Wettstreit miteinander zu sein: Welche ist dem Herrn näher? Auf welche Weise kann Nachfolge gelingen?

Sie sind verwundert, dass dies nicht so eindeutig ist wie es im Lukasevangelium scheint? Häufig schon habe ich die Perikope aus dem Lukasevangelium gelesen und mich gefragt: Warum weist Jesus die Marta zurecht und sagt, dass Maria das Bessere gewählt hat? Geht nicht beides: Das junge Mädchen in jeder Frau, auf der Suche nach mehr, nach Räumen wachsen zu dürfen und die bodenständige, kühle und tatkräftige Frau, die ihren Weg geht und sich nicht beirren lässt: contemplatio und actio, beten und handeln, feiern und träumen, kämpfen und weinen?

Das neue Testament gibt uns nur wenige Hinweise auf das Leben der beiden Frauen und auch schon in der nachchristlichen Zeit versuchte man, ihre Lebensgeschichten anzureichern und zu ergänzen. Maria wurde schon 200 n. Chr. von manchen mit der salbenden Sünderin in Lk 7,36–50 identifiziert, wiederum steht der unerschütterliche, fast kindliche Glaube der Frau im Mittelpunkt. Es scheint fast so, als gehe nur das eine oder das andere: kindlicher Glaube oder erwachsenes Handeln.

Wenn wir den Spuren der beiden Frauenfiguren noch ein wenig folgen, so kann unser Blick jedoch auch auf die Verbindungen zwischen ihnen fallen. Ich brauche Zeiten in meinem Leben, wo ich mich zurückziehe, wo ich in der Stille bin, mich regeneriere, meinem Glauben folge und einfach loslassen kann.

Wiederum andere Zeiten dienen mir dazu, meine Möglichkeiten zu entdecken, mich einzubringen, Erfolge zu haben, meinen in der Stille gewonnenen Linien zu folgen, den roten Faden meines Lebens weiterzuspinnen. Beide Wege können ihre Licht- und Schattenseiten haben. Beide Wege bieten die Gefahren des sich Verlierens: In zurückgezogene kindlich geprägte und nicht weiter entwickelte Frömmelei oder in blinden Aktionismus, der mir selbst und auch den Menschen meiner Umgebung nicht (mehr) gerecht wird.

Ich möchte Sie einladen, die Geschichten von Maria und Marta zu nehmen, um über die Einheit von Beten und Handeln, actio und contemplatio, Feiern und Träumen, nachzudenken. Ich möchte Sie einladen, Ihren „roten Faden“ (neu) zu entdecken, Ihre Ressourcen aufzuspüren. Kommen Sie alleine oder auch in einer Gruppe den unterschiedlichen Anteilen von Maria und Marta auf die Spur!

Baustein 1:
Unterschiedliche Lebenshaltungen entdecken

Legen Sie zwei Bogen Papier vor sich und schreiben Sie auf den einen Maria, auf den anderen Marta. Geben Sie den beiden Frauen Adjektive, kurze Beschreibungen oder Assoziationen.

- Nun unterstreichen Sie diejenigen, die für Ihr Leben eine Bedeutung haben. Kommen Sie mit sich selbst oder in einer Kleingruppe ins Gespräch, welche Adjektive usw. Ihre eigenen Lebenshaltungen am deutlichsten charakterisieren.
- Zum Schluss wählen Sie eine aus, die Sie in den nächsten zwei Tagen für sich in den Mittelpunkt stellen möchten.

Baustein 2:
Das Fremde in mir

In einer Einzelarbeit wird aufgeschrieben, welche Assoziationen zu Maria und Marta eher zu den unterschiedlichen Lebenseinstellungen passen (gepasst haben).

- Gibt es eine Grundtendenz? Bin ich in verschiedenen Lebenssituationen eher die Maria oder die Marta? Was fehlt mir von der jeweils anderen? In welchen Geschichten meines Lebens zeigt sich das exemplarisch?
- Kommen Sie mit anderen ins Gespräch über den fremden Teil: Bei wem aus meiner Umgebung entdecke ich ihn? Was macht es mir leicht, was macht es mir schwer damit umzugehen?
- Formulieren Sie zum Schluss der Einheit ein kurzes Gebet oder einen kurzen Text zum Thema und lassen Sie die Anderen Anteil nehmen.

Baustein 3: Meinem roten Faden folgen

Malen Sie auf ein Blatt Papier einen Roten Faden und malen oder schreiben Sie Dinge, die ihnen wichtig sind hinzu.

- Nehmen Sie sich in einem zweiten Schritt Zeit, möglichst konkret Handlungen, Träume und Wünsche zu benennen, die Ihrem Roten Faden folgen.
- Wählen Sie einen aus und suchen Sie sich in der Gruppe jemanden, dessen/deren Wunsch Ihrem eigenen nahe kommt.
- Planen Sie eine konkrete Aktion gemeinsam, versuchen Sie etwas zu finden, was Sie in Ihrer Gemeinde/Ihrem Verband in die Tat umsetzen können.
- Stellen Sie in einer Abschlussrunde ihre Idee(n) vor und werben Sie in der Runde um Mithilfe bei der Umsetzung.

(CS)

Heile, was verwundet ist – Wege zum Heil und zur Heilung im Alltag

Heile, was verwundet ist – diese Bitte ist Menschen aller Zeiten immer wieder über die Lippen gekommen. Sie kann auch uns gelegentlich in den Sinn kommen, wenn wir die Zeitung aufschlagen, die Nachrichten hören oder einfach nur unsere Augen und Ohren in den Begegnungen unseres Alltags aufmachen: Menschen leiden unter Gewalt und Terror, unter Hunger und Elend, unter Krankheiten und Katastrophen, unter Einsamkeit und Isolation usw. usf. Wohin wir auch schauen, worauf wir auch hören, allenthalben müssen wir wahrnehmen: Mensch und Welt sind zutiefst verwundet. Und so sehnen Menschen sich in den vielfachen Brüchen und Nöten ihres Lebens nach Heil. Sie sehnen sich nach Gesundheit, Gerechtigkeit und Glück, nach Freiheit und Frieden, nach Zuwendung und Zärtlichkeit, nach Orientierung und Sinn. Kurzum: Sie suchen nach dem, was heil macht, was sie und diese Welt ganz und vollständig macht, wie die ursprüngliche Wortbedeutung von Heil sagt.

Was aber kann Menschen heil, ganz machen? Wie können wir heilsam wirken? Welche Antworten geben wir als Christen und Christinnen auf diese Fragen angesichts der vielfachen Heilsversprechungen und -verheißungen unserer Zeit?

Eine erste Antwort ist der Glaube an Jesus Christus, den Heiland. Wir glauben daran, dass er nicht nur in seinem Leben vor mehr als 2000 Jahren Menschen von Krankheiten geheilt und von lebensfeindlichen Mächten befreit hat, sondern dass kraft seines Geistes auch heute Menschen an Leib und Seele Heilung erfahren. Dafür steht seine Auferstehung, in der Gott den Lebens- und Liebeswillen seines Sohnes bestätigt und uns die Hoffnung geschenkt hat, dass am Ende Leben und Liebe stärker sind als alle Todesmächte dieser Welt.

Dass Gott jeden Menschen und seine ganze Schöpfung heil machen will, davon sind wir zutiefst überzeugt. Gleichzeitig ist uns aber auch bewusst, dass diese Heilung nicht zu Billigpreisen zu haben ist. Dies zeigt schon ein Blick auf Jesu Leben selbst, das ja alles andere als glatt verlaufen, menschlich gesehen, sogar gescheitert ist. Seine Botschaft vom Reich Gottes, seine heilende Nähe, seine Zuwendung und Zuneigung zu allen, riefen heftigen Protest und Widerstand hervor und endeten schließlich im Tod am Kreuz.

Dieses Kreuz aber gilt es, nicht zu verdrängen und zu leugnen, sondern ernst- und anzunehmen. Es sagt uns: Heilung geschieht durch die Ohnmacht hindurch. Wie Jesus sich selbst verwundbar machte und uns durch seine Wunden geheilt hat (vgl. 1 Petr 2,24), können auch wir nur heilsam wirken, wenn wir uns den Wunden dieser Welt und unseren eigenen Wunden stellen. Indem wir nämlich zu unserer Schwäche und Schuld, unserem Versagen und unseren Verletzungen stehen, zeigen wir unsere eigene Bedürftigkeit und Sehnsucht nach Heilung. Menschen, die um die eigene Verletzlichkeit und die Brüchigkeit menschlicher Existenz wissen, sind im wahrsten Sinn des Wortes sympathisch, sie leiden mit, wie das griechische Wort in seiner deutschen Übersetzung heißt.

Dieses existenziell zutiefst empfundene Mitleid ist ein Weg zur Heilung. Es macht Menschen sensibel füreinander und lässt sie einander Anteil nehmen an den vielfachen Verletzungen und Verwundungen des Lebens. Wie oft haben wir alle genau darin aber Heilung gespürt! Indem ein anderer Mensch, seine eigenen Schwächen nicht verbergend, mit uns unsere Zweifel und Fragen, Tränen und Wut geteilt und uns in unserer Schwachheit und Schuld angenommen hat, haben wir erfahren, dass die ein oder andere Wunde unseres Lebens heilen konnte. Diese Erfahrungen nun aber bestärken in der Hoffnung, dass am Ende nicht der Abbruch und Zusammenbruch, der Tod steht, sondern die Zusage Gottes eines Lebens in Fülle.

Diese Zusage eines Lebens in Fülle macht nun meiner festen Überzeugung nach Menschen nicht nur fähig, mit anderen zu leiden und diese im Leid zu stützen und zu tragen, sondern aus ihr erwächst Menschen auch immer Kraft und Mut, gegen unnötiges Leid zu kämpfen und den vielen lebensfeindlichen Mächten zu widerstehen. Für Christen und Christinnen hat das Reich Gottes mit und in Jesus Christus begonnen. Wenngleich es nicht vollendet ist, gilt die Zusage Jesu, dass sein Geist mit und unter uns ist. Dieser Geist befähigt Menschen hier und jetzt, das Reich Gottes, sein Heil, erfahrbar zu machen, indem sie für den Wert und die Würde allen Lebens eintreten und sich gegen alles wehren, was Leben gefährdet, behindert und zerstört.

Der Glaube an Gottes Geist in dieser Welt und an seine Verheißung, dass Leben und Liebe letztlich stärker sind als alles Unheil dieser Welt, schenkt Menschen schließlich Sinn und Orientierung. Menschen, die aus dieser letzten Orientierung leben, wirken heilsam. Sie sind gelassen und im positiven Sinn demütig, weil sie nicht allein auf ihre, sondern auf Gottes Kraft vertrauen und bauen. Sie können sich mit ihren begrenzten Möglichkeiten, mit ihrer Schwäche und Schuld versöhnen und wirken dadurch versöhnlich. Schließlich können sie sich frei machen von der Hetze und Jagd, hier und jetzt schon alles haben zu müssen, weil für sie das Leben mehr ist als die kurze Zeitspanne unserer irdischen Existenz.

Eucharistiefeier:
Heile, was verwundet ist

Eröffnung GL 249 „Der Geist des Herrn" (1. + 2. Str.)

Hinführung

„Der Geist des Herrn erfüllt das All ... er weist uns das Erbarmen Gottes und Heil in tiefsten Nöten" – so haben wir gerade gesungen und damit unseren Glauben zum Ausdruck gebracht, dass Gottes Geist in dieser Welt gegenwärtig ist.

Diesen Geist Gottes aber haben wir alle bitter nötig; wir sehnen uns nach ihm angesichts des Unheils in unserer Welt und den vielfachen Brüchen und Nöten unseres Lebens. Im Vertrauen auf seine Wirkkraft bitten wir ihn deshalb immer wieder: „Heile, was verwundet ist!" Wie sehr Gottes Geist diese Welt zu heilen vermag, dafür steht Jesus Christus, unser Heiland und unser Heil. Ihm wollen wir uns zu Beginn dieser Feier öffnen; ihn rufen wir um sein Erbarmen an:

Kyrie GL 852

– Herr Jesus Christus, durch deinen Tod und deine Auferstehung hast du die Welt erlöst und ihr das Heil geschenkt

- Du hast gezeigt, dass Gottes Geist der Liebe und des Lebens stärker ist als alle Todesmächte dieser Welt
- Du gibst uns Deinen Heiligen Geist, der uns an Leib und Seele heil macht und befähigt, heilsam zu wirken

Tagesgebet

Gott, du unser Heil,
in einer Welt voller Unfrieden und Unheil sehnen wir uns nach Heil. Wir suchen nach Zuwendung und Zärtlichkeit, nach Frieden und Freiheit, nach Glück und Gerechtigkeit. In deinem Sohn Jesus Christus finden wir dabei Orientierung und Halt. Sein Leben, sein Tod und seine Auferstehung haben gezeigt, dass deine Liebe stärker ist als alles Unheil dieser Welt, und dass Jesu Geist in dieser Welt gegenwärtig ist und wirkt. Dieser Geist ermutigt und befähigt uns, füreinander offen zu werden und einander zu tragen. Dieser Geist treibt uns an, die vielfachen Verletzungen und Verwundungen dieser Welt wahrzunehmen und unseren Möglichkeiten entsprechend das zu heilen, was verwundet ist. Öffne Du uns durch diese Feier erneut für diesen Geist. Darum bitten wir dich durch Jesus Christus im Hl. Geist. Amen.

Lesung Apg 4,8–12

In jenen Tagen sagte Petrus, erfüllt vom Heiligen Geist: Ihr Führer des Volkes und ihr Ältesten! Wenn wir heute wegen einer guten Tat an einem kranken Menschen darüber vernommen werden, durch wen er geheilt worden ist, so sollt ihr alle und das ganze Volk Israel wissen: Im Namen Jesu Christi, des Nazoräers, den ihr gekreuzigt habt und den Gott von den Toten auferweckt hat, durch ihn steht dieser Mann gesund vor euch.

Er, Jesus, ist der Stein, der von euch Bauleuten verworfen wurde, der aber zum Eckstein geworden ist. Und in keinem anderen ist das Heil zu finden. Denn es ist uns Menschen kein anderer Name unter dem Himmel gegeben, durch den wir gerettet werden.

Antwortgesang GL 614, 2. Str. „Lehr mich den Weg zum Leben“

Evangelium Mk 6, 53–56

Sie fuhren auf das Ufer zu, kamen nach Gennesaret und legten dort an. Als sie aus dem Boot stiegen, erkannte man ihn sofort. Die Menschen eilten durch die ganze Gegend und brachten die Kranken auf Tragbaren zu ihm, sobald sie hörten, wo er war. Und immer, wenn er in ein Dorf oder eine Stadt oder zu einem Gehöft kam, trug man die Kranken auf die Straße hinaus und bat ihn, er möge sie wenigstens den Saum seines Gewandes berühren lassen. Und alle, die ihn berührten, wurden geheilt.

Bittgebet

heile uns gott
heile uns
von unseren alltagskrankheiten
der oberflächkeit
der leeren worte
der vorschnellen urteile
der hetze
des unerfülltseins
heile uns
und gib uns
interesse aneinander
gesprächsbereitschaft
und zeit
und sinn in der arbeit
um heil zu leben

heile uns gott
heile uns
von unseren beziehungskrankheiten
der verletzungen
der härte
des aneinander-vorbeilebens
des misstrauens
und des unglaubens
heile uns
und gib uns
zärtlichkeit

und zuneigung
offene augen und ohren
und weite herzen
für den bruder
die schwester
und dich
um in deiner nähe
heil zu leben

heile uns gott
heile uns
von unseren gemütskrankheiten
von sinnverlust
und freudlosigkeit
von fehlender hoffnung
und mangelndem
gottvertrauen
von verlorengegangener
lebensfreude
und tiefer traurigkeit
heile uns
und gib uns
glückendes leben
und lachende liebe
frohe gemeinschaft
und neue
sinnvolle
lebensperspektiven
mit dir
um erfüllt voneinander
in deinem geist
heil zu werden

heile uns gott
heile uns
von unseren sinneskrankheiten
von den wahrnehmungsstörungen
im täglichen umgang
von taubheit

gegen die bitten
der brüder und schwestern
und blindheit
gegen die weltpolitischen
katastrophen
gegen kriege
und ungerechte strukturen
von verdrängung des
unfriedens
im eigenen herzen
und in der welt
heile uns
und gib uns offene sinne
um wahrzunehmen
was krank ist
um zu spüren, was aufschreit
begabe uns mit phantasie
und rüste uns aus
mit mut
um mitzuleiden
und mit dir
welt heil zu gestalten

heile uns gott
heile uns
von unserer besessenheit
durch die dämonen
habgier und hass
macht und geld
neid und ansehen
heile uns
und gib uns
großzügigkeit und liebe
freiheit und freude
zuwendung und verstehen
lass uns den mund aufmachen
im umgang mit der erde
und miteinander

heile uns gott
heile uns
von unserer zerrissenheit
mach uns ganz
wach und heil
und gib uns so
neues leben

(Almut Haneberg, in: KA + Zeichen 4/99)

Gabenbereitung GL 886: „Wenn wir das Leben teilen" (1., 2., 5. Str.)

Gabengebet

Naher Gott,
Brot und Wein, die Zeichen der Gemeinschaft mit Dir und untereinander, sind bereitet. Verwandle uns mit diesen Gaben in Menschen, die aus deiner heilenden Nähe leben und wirken. Darum bitten wir dich durch Jesus Christus, den Heiland der Welt und unseren Herrn, jetzt und allezeit. Amen.

Sanctus GL 857: „Halleluja" (7., 8. und 9 Str.)

Vater unser

Friedensgruß GL 891: „Unfriede herrscht auf der Erde" (1. und 3. Str.)

Vor der Kommunion GL 634, 3. und 4. Str.

Nach der Kommunion Meditation

Komm zu uns, du heiliger Geist
Licht von Gott, das Liebe heißt
strahl ins Dunkel unserer Welt!

Komm, weil du die Armen liebst!
Komm, weil du uns alles gibst!
Komm, mach unsere Herzen hell!

Du gibst Trost und nimmst die Last;
du bist ein willkommener Gast;
du hältst jung die Christenheit.

Den Gehetzten gibst du Ruh;
hitzig Streiten mäßigst du;
dem, der weint, stehst du zur Seit!

Strahlend Licht, dein sel'ger Glanz
fülle Geist und Sinne ganz,
mache leicht, was sonst zu schwer!

Ohne, dass du in uns webst,
ohne, dass du uns belebst,
sind die Herzen tot und leer.

Wasche, was im Schmutz vergeht!
Gieße, was zu trocken steht!
Heile all das Leid der Welt.

Biege, was zu fest und hart!
Taue, was zu Eis erstarrt!
Halte fest, was stürzt und fällt!

Denen, die dir hier vertrauen,
die auf keinen Sand mehr bauen,
schenke alle Gaben dein.

Führ sie dann, weil sie geliebt,
durch den Tod, der Leben gibt,
in die ewige Freude ein!

(Neuübersetzung der alten Pfingstsequenz „Veni Sancte Spiritus“,
Verfasser: unbekannt; Fundort: Gottes Volk 5/99)

Schlussgebet

Guter Gott,
wir danken dir für deine heilende Gegenwart, die wir in dieser Feier durch dein Wort und die Mahlgemeinschaft mir Dir erfahren

durften. Du hast uns gestärkt und ermutigt auf unserem Weg. Dafür danken wir dir und bitten dich: Bleibe bei uns und belebe uns mit deinem Geist, damit wir durch unser Leben dein heilbringendes Wirken bezeugen. Darum bitten wir dich durch Jesus im Hl. Geist. Amen.

Segenslied GL 845 „Bewahre uns Gott" (1., 2. und 4. Str.)

Segenswort

Der Vater, der Schöpfer allen Lebens, der seinen Heilswillen immer wieder kundtut, segne euch.

Der Sohn, der durch seinen Tod und seine Auferstehung für uns zum Heil geworden ist, begleite euch und zeige euch den Weg.

Der Heilige Geist, der heilt, was verwundet ist, belebe und erneuere euch.

Das gewähre euch der dreieinige Gott, der Vater, der Sohn und der Heilige Geist.

Amen.

Schlusslied GL 262: „Nun singt ein neues Lied dem Herren" (1. und 3. Str.)

(Ne)

Kapitel 2

Spurensuche – Geschichten von starken Frauen

„Herr meiner Seele! Als Du noch in dieser Welt wandeltest, hast Du Frauen immer Deine besondere Zuneigung bewiesen. Fandest Du doch in ihnen nicht weniger Liebe und Glauben als bei den Männern. Auch befand sich unter ihnen deine heilige Mutter, deren Verdienste uns zukommen und deren Habit wir tragen. Die Welt irrt, wenn sie von uns verlangt, dass wir nicht öffentlich für dich wirken dürfen, noch Wahrheiten aussprechen, um derentwillen wir im Geheimen weinen, und dass du unsere gerechten Bitten nicht erhören würdest. Ich glaube das nicht, denn ich kenne deine Güte und Gerechtigkeit, der du kein Richter bist wie die Richter dieser Welt, die als Söhne Adams, kurz Männer, jede gute Fähigkeit bei einer Frau verdächtigen. Ich weiß, mein König, dass der Tag kommen wird, da man einander erkennt. Ich spreche hier nicht für mich selbst, denn die Welt kennt meine Schlechtigkeit, und das ist mir lieb. Aber ich halte es in diesen Zeiten für unrecht, wenn man starke und zum Guten begabte Geister zurückstößt, nur weil es sich um Frauen handelt."

(Aus: Teresa von Avila, „Ich bin ein Weib – und obendrein kein gutes". Eine große Frau, eine faszinierende Mystikerin, ausgewählt, übersetzt und eingeleitet von Erika Lorenz, Herder, Freiburg i. Br. 2000, S. 34.)

Ruth und Noemi: Wo Du hingehst, da will auch ich hingehen ...

Die Geschichte erzählt uns vom Überleben, von Solidarität und dem gemeinsamen Meistern von Schwierigkeiten über Generationen hinweg.

Ruth und Noemi, zwei Frauen, Schwiegermutter und Schwiegertochter, die sich gegenseitig unterstützen. Jede auf ihre Weise, jede mit ihren Mitteln.

Noemi (übersetzt heißt das: meine Liebliche) war mit ihrem Mann Elimelech in die Fremde gezogen, in das Land der Moabiter, weg aus der Hungersnot in die fruchtbare Ebene. Zwei Söhne hatte das Paar, Machlon und Kiljon, die sich eine Moabiterin zur Frau nahmen.

Elimelech stirbt, ebenso die beiden Söhne. Noemi bleibt mit ihren Schwiegertöchtern Ruth (übersetzt: Freundin) und Orpha („die den Nacken zeigt, sich abwendet") zurück. Sie beschließt, nach Bethlehem (übersetzt heißt das: „Haus des Brotes") zurückzukehren, um überleben zu können. Die Frauen machen sich auf den Weg. Drei Frauen, zwei Generationen, unterschiedliche Kulturen.

Noemi versucht, ihre Schwiegertöchter zurückzuschicken, nur im Lande ihrer Väter haben sie die Möglichkeit, noch Kinder zu bekommen, da sie selbst die nach altem jüdischem Recht vorgesehene Bruderehe für ihre Schwiegertöchter nicht gewährleisten kann. Sie hat keine Söhne mehr, die als Ehemänner in Frage kommen. Und nach jüdischem Recht gilt Kinderlosigkeit –also keine Nachkommenschaft zu haben – als Makel.

Orpha kehrt schließlich um, Ruth jedoch geht den Weg mit Noemi weiter.

In Bethlehem angekommen, versucht Ruth den Broterwerb durch das Nachlesen auf den abgeernteten Feldern zu sichern. Hier trifft sie Boas, der sie unter den Schutz der Mägde stellt. Durch Noemi erfährt sie später, dass er ein „Löser" ist; ein weitläufiger Verwandter, der das Erbe antreten kann, indem er die Witwe Machlons heiratet und so den Fortbestand der Familie sichert.

Noemi gibt Ruth den Rat, sich nachts auf die Tenne zu schleichen, um sich Boas zu Füßen zu legen, was einer Aufforderung zum

Beischlaf gleichkommt. Doch Boas weist Ruth zurück: Zunächst muss ein weiterer Löser bekunden, dass er am Erbe Elimelechs nicht interessiert ist.

Vor Zeugen und mit einem kleinen Trick erreicht Boas so die Vermählung mit Ruth. Unsere kleine Geschichte endet damit, dass Ruth einen Sohn gebiert und damit eine der Stammmütter Jesu wird.

Auf den ersten Blick scheint uns diese Geschichte fremd, zu unterschiedlich sind die Lebensumstände von denen heutiger Gesellschaften: Wir suchen uns unsere PartnerInnen selbst aus, Familien leben nicht mehr als Sippen; das Erbrecht hat sich ebenso entscheidend verändert. Wir müssen schon einen zweiten Blick riskieren, um die Bedeutung der Geschichte des Buches Ruth für uns heute freizulegen.

Warum hat diese Frauengeschichte seinen Platz im Ersten Testament gefunden?

Ruth steht als Beispiel für eine Frau an der Wende zur bedingungslosen Zuwendung zu Jahwe. An der entscheidenden Stelle, wo Noemi ihre beiden Schwiegertöchter zurückschicken möchte, sagt Ruth: „Wo Du hingehst, will auch ich hingehen. Wo Du bleibst, bleibe auch ich. Dein Volk ist mein Volk, und dein Gott ist mein Gott." (Ruth, 1, 16)

Und Boas antwortet Ruth, als sie ihn auf ihr Fremdsein in Bethlehem anspricht: „ Jahwe, dem Gott Israel, unter dessen Flügel dich zu bergen du gekommen bist ... (Ruth 2.12)

Moabiter waren vom Jahwekult ausgeschlossen, Ruth weiß mit ihrer Liebe zur Sippe ihres Mannes diese Begrenzung aufzuheben. Sie wird somit unter den Schutz Jahwes gestellt: die Fremde wird einbezogen, die Grenzen werden gesprengt und die Heimkehr der Noemi wird vollzogen.

Für mich zeigt diese Geschichte, wie auch viele andere Frauengeschichten im Ersten Testament (vgl. die Geschichten der Sarah, Tamar usw.), dass Gott alle Menschen mit ihren Brüchen, Ängsten und Begrenztheiten aufnimmt in seinen Heilsplan.

Gerne greife ich in der Bildungsarbeit auf das Buch Ruth zurück, weil es bei näherem Hinschauen eine Fülle von Themen bietet, auf die in der kirchlichen Arbeit zurückgegriffen werden kann.

Baustein 1:
(Schwieger-)Mutter und (Schwieger-)Tochter – ein endloses Thema (gilt auch für Väter und Söhne)

Das Thema der unterschiedlichen Kulturen zeigt sich auch zwischen den Generationen heute. Mit den PartnerInnen der Kinder hält immer auch eine fremde (Familien-)Kultur Einzug ins eigene „Wohnzimmer“. Nach dem ersten Kennenlernen werden auch die Unterschiede deutlich, verschiedene Kommunikationsformen, verschiedene Gewohnheiten gilt es zu akzeptieren und eine neue gemeinsame Kultur zu entwickeln.

Kommen Sie darüber ins Gespräch, was Ihnen hierbei leicht fällt, und wo Sie Probleme sehen.

Baustein 2:
Migration und Asyl

Viele Menschen haben Berührungsängste bei Menschen, die neu in unser Land kommen – aus welchem Grund auch immer. Ich möchte Ihnen Mut machen, diese einmal zu sich nach Hause einzuladen und sich auf andere Lebensgewohnheiten und Kulturen einzulassen. Das Buch Ruth kann dazu ein guter Ansatzpunkt sein.

- Lesen Sie das Buch in ihrer Gruppe. Bitten Sie jede(n) TeilnehmerIn, sich eine besonders markante Stelle zu merken. Bilden Sie Kleingruppen zum Austausch: Mit wem identifizieren Sie sich in der Geschichte?
- Im Plenum können gute Erfahrungen mit Menschen anderer Nationalitäten und Kulturkreise ausgetauscht werden, aber auch Probleme und mögliche Lösungswege benannt werden.

Baustein 3:
Fremdes achten – Frieden suchen

Eine weitere Möglichkeit ist es, über das Buch Ruth mit Fremdheitserfahrungen in der eigenen Lebensgeschichte in Berührung zu kommen. Nehmen sie Ihren letzten Urlaub im Ausland in den Blick, erzählen Sie sich gegenseitig von Ihren Erfahrungen.

- Kleingruppe: Versuchen Sie Gründe zu finden, warum Menschen in der jeweiligen Situation anders gehandelt haben.
- Plenum: Tauschen Sie aus, in welchem Kontext dieses Handeln einen Sinn macht. Sammeln Sie Hinweise, was Sie für Ihren Alltag daraus mitnehmen können.

Baustein 4:
Den Gefühlen der Frauen Ausdruck geben

Nach der Lektüre des biblischen Buches besteht die Möglichkeit, einen Briefwechsel zwischen Noemi/Ruth und Orpha zu verfassen. Wie geht es den drei Frauen, nachdem sie sich getrennt haben?

- Jede schreibt einen Brief und die Antwort der anderen.
- In einer Kleingruppe sollten dann die Briefe ausgetauscht und die verschiedenen Erfahrungshorizonte gesichtet werden.
- Im Plenum können die entstandenen Eindrücke dann abgerundet und ergänzt werden.

(CS)

Die Tochter des Jairus: Ein eigener Mensch werden

Im 5. Kapitel des Markusevangeliums finden sich drei Heilungsgeschichten: Die Heilung des Besessenen von Gerasa, die Heilung der blutflüssigen Frau und als letztes die Auferweckung der Tochter des Jairus. Alle drei Geschichten nehmen Bezug zu besonderen Lebensereignissen von Menschen. Sie stehen somit in einem deutlichen Zusammenhang: Jesus heilt die Menschen im Namen des Vaters im Himmel. In der griechischen Fassung des Neuen Testamentes finden wir an diesen Stellen jeweils das Wort „therapeuein". Jesus heilt die Menschen, indem er ihre Selbstheilungskräfte anregt. Wir kennen dieses aus verschiedenen therapeutischen Arbeiten, bei denen Menschen in kritischen Lebenssituationen aufgefangen und begleitet werden.

Die Geschichte der Tochter des Jairus (Mk 5,35–53) ist eine solche Heilungsgeschichte: Der Synagogenvorsteher hat eine zwölfjährige Tochter. Während Jairus mit Jesus unterwegs ist, kommen Angehörige seines Hauses, berichten vom Tod der Tochter und fordern Jairus auf, den Meister nicht länger zu bemühen. Jesus erwidert darauf: „Sei ohne Furcht, glaube nur"! Sie gehen zum Haus des Jairus. Jesus sagt zu den weinenden Menschen, dass das Mädchen nicht gestorben ist, sondern nur schläft. Mit den Worten: „Talita kum, Mädchen, ich sage Dir, steh auf!" ruft er das Mädchen ins Leben. Sie geht umher und Jesus befiehlt den Menschen, dem Mädchen etwas zu essen zu geben.

Die Ängste der Menschen um Jesus einerseits, aber auch der Mut andererseits sind ein durchgängiges Thema in allen Heilungsgeschichten des Neuen Testamentes. In der Geschichte um das Mädchen zeigen sie sich in besonderer Weise. Als Zwölfjährige steht sie (so war es damals üblich) an der Schwelle zum Erwachsenwerden, zu heiraten und selbst eine Familie zu gründen. Wir alle wissen aus verschiedenen Erfahrungen, wie es ist/war, in dieser Übergangssituation zu sein. Scheinbar Selbstverständliches wird in der Pubertät in Frage gestellt: Die Rebellion gegen die Eltern, gegen das bisherige soziale Gefüge steht für viele im Mittelpunkt dieser Entwicklungsphase. Neuere hirnphysiologische Forschungen haben ergeben, dass sich in der Zeit der Pubertät die Denkgewohnheiten der jungen Menschen so ändern, dass sich vermehrt neue Synapsen (Verschaltungen im Gehirn, die unser Fühlen und Handeln bestimmen) bilden. Auch hirnphysiologisch kommt es also zu einer Neuorientierung in Raum und Zeit. Das zeigt sich für die Umwelt in deutlichen Gefühlsschwankungen, einmal himmelhoch jauchzend, dann zu Tode betrübt; einmal lammfromm und kindlich um dann übergangslos aggressiv und feindselig zu werden. Es schüttelt den jungen Menschen nahezu durch.

Wenn Jesus die Tochter des Jairus ruft: „Mädchen, ich sage dir, steh auf" so kann man dieses Schlafen durchaus als den Übergang zum Erwachsenwerden verstehen. „Steh auf" könnte dann heißen: Übernimm Verantwortung, gehe Deinen Weg! Und Jesus sorgt dafür, dass sie ihre Wegzehrung erhält. Dem Mädchen wird zu essen gegeben.

Für die staunenden Eltern sind diese wichtigen Schritte im Leben ihrer Kinder alles andere als leicht. Aus dem kleinen Jungen, aus dem kleinen Mädchen wird ein(e) Erwachsene(r). Während sich die inneren Bindungen der Eltern an ihre Kinder nur wenig verändern, befinden sich die Heranwachsenden im Prozess der Loslösung. Andere Menschen treten in Bezug auf Nähe an die Stelle der Eltern, der Freundeskreis erhält den Status einer Familie: Das sind Menschen, die akzeptieren; die Eltern wirken oft verständnislos und verstehen ihren Sprössling (und manchmal auch die Welt) nicht mehr. Eltern sind vor Überraschungen nicht sicher. Das zeigen uns auch biblische Geschichten, etwa die vom zwölfjährigen Jesus, der bei einer Wallfahrt zum Tempel plötzlich verschwindet. Die entsetzten Eltern suchen ihn verzweifelt und finden ihn schließlich unter den Gelehrten, im Gespräch über Gott und die Welt vertieft. Wie mögen die Eltern da wohl reagiert haben? Die biblische Erzählung lässt dieses offen.

Jesus weist seine Mutter auch in späteren Erzählungen schroff zurück, geht seiner eigenen Berufung nach. Sie aber hält dennoch zu ihm und befiehlt den Dienern bei der Hochzeit zu Kanaa: „ Was Jesus euch sagt, das tut!"

Ihr Problem ist, dass sie die Beweggründe ihres Sohnes nicht nachvollziehen kann: die Motive bleiben unklar, dennoch lässt sie nicht locker. Ähnlich wie Maria geht es auch vielen Eltern.

Wenn wir junge Menschen ins Leben begleiten, müssen wir als Erwachsene eine Neubestimmung von Nähe und Distanz zu unseren Kindern vornehmen. Wir bleiben nur scheinbar zurück, wenn unsere Kinder ihre eigenen Wege suchen und finden. Wir gehen unseren eigenen Weg weiter, er hat viele Abzweigungen und Kreuzungen, auf denen Begegnung möglich ist: Nur eben anders als bisher.

Manchmal habe ich den Eindruck, dass auch Eltern mit der Pubertät ihrer Kinder noch (ein Stück mehr) ein eigener Mensch werden. Der Mittelpunkt des Lebens verschiebt sich allmählich, die eigene Partnerschaft, die eigenen Visionen rücken wieder in den Blickpunkt. Hier steckt die Chance, an der Pubertät der Kinder zu lernen, dem Fluss des Lebens den Raum zu lassen, den Eltern und Kinder für sich beanspruchen.

Baustein 1:
Pubertät ist, wenn die Eltern komisch werden

Versuchen Sie mal einen Rollenwechsel: Laden Sie ihr Plenum ein, typische Sätze einer/s Pubertierenden zu formulieren. Sie werden nach anfänglicher Hemmung merken, wie schön das ist, mal so richtig deutlich zu werden.

Schreiben Sie die markantesten Sätze auf. In Kleingruppen besteht dann die Möglichkeit, sich zu den Sätzen zweierlei zu überlegen:
- Was drückt der junge Mensch hier aus, was sind seine Beweggründe?
- Wie würde ich als Elternteil reagieren, was kann ich zur Vermeidung größerer Konflikte beitragen?
- Welche Lösungen/Kompromisse mag es geben?

Baustein 2:
Meine eigene Pubertät

Bitten Sie Ihre Gruppe, sich an die eigene Zeit als Jugendliche zu erinnern. Lassen Sie dazu Zeit, sich etwas aufzuschreiben. Bilden Sie Kleingruppen mit den Fragen:

- Wo war es schwierig, was war gut in dieser Zeit?
- Welche Themen standen für mich im Vordergrund?
- Wer hat mich blockiert, wer hat mir geholfen?

In einer anschließenden Runde überlegen Sie gemeinsam, welche Themen Jugendliche heute in der Pubertät haben: „Wo haben sie es leichter, wo schwerer als Sie zu Ihrer Zeit?“ Überlegen Sie, wie Sie die Jugendlichen heute unterstützen können.

(CS)

Die syrophönizische Frau: Zivilcourage!

Ganz schön mutig – so denke ich oft, wenn ich Menschen erlebe, die klar und deutlich sagen, was sie denken, die kein Risiko scheuen und selbst in Konflikten ihren Standpunkt vertreten. Dabei kommt mir z.B. eine Frau in den Sinn, die in einer Gesprächsrunde ihren ganzen Mut zusammennahm und sich gegen einen Mann wehrte, der immer wieder durch alle möglichen Strategien versucht hatte, seine Meinung durchzusetzen. Die Stimme der Frau zitterte; vor lauter Aufregung bekam sie am Hals und im Gesicht rote Flecken, aber sie hielt durch und sagte offen, wie sie das Verhalten des Mannes erlebte und dass sie so in der Runde nicht weiter arbeiten wolle und könne. Ich werde diese Situation nicht vergessen: Plötzlich war es mucksmäuschenstill im Raum; alle hörten aufmerksam zu; nachdem die Frau zu reden aufgehört hatte, fanden auch andere den Mut, ihre Meinung zu äußern, und es entstand eine offene Gesprächsatmosphäre.

Ganz schön mutig – so empfinde ich auch das Verhalten der heidnischen Frau, von der Markus in seinem Evangelium erzählt. Wie viel Mut diese Frau allerdings beweist, wird wohl erst deutlich, wenn sich der Hintergrund der Geschichte erschließt. Jesus hat sich zurückgezogen, er will allein sein, heißt es zu Beginn der Erzählung. Aber nicht nur das: Jesus hat sich nicht irgendwohin zurückgezogen. Er ist im Gebiet von Tyrus; für Juden damaliger Zeit war dies Ausland. In Tyrus wohnen Ausländer, Heiden, die weder der Rasse noch der Religion nach etwas mit den Juden gemein haben. Mit diesen Heiden verbindet Juden wirklich nichts. Die Juden sind das auserwählte Volk Gottes; von ihnen und für sie kommt das Heil. Das ist jüdischer Glaube und jüdisches Lebensgefühl, wovon auch Jesus geprägt ist. Aber damit noch nicht genug: Frauen damaliger Zeit ist es nicht gestattet, einen Mann anzusprechen. Also kurz gesagt, schwieriger kann die Situation für diese Frau kaum sein. Als Heidin einen jüdischen Mann um Hilfe bitten – das ist unmöglich!

Das alles interessiert die heidnische Frau aber nicht. Sie kommt in höchster Not, sucht Gesundheit für ihre Tochter. Sie ist zu allem bereit und fähig. Deshalb wagt sie den Schritt, spricht Jesus an und bittet ihn um Hilfe. Dieser aber reagiert zunächst ganz den gesellschaftlichen Regeln entsprechend. Unwirsch, arrogant und hart wehrt er ihre Bitte ab: „Lasst zuerst die Kinder satt werden; denn es ist nicht recht, das Brot den Kindern wegzunehmen und den Hunden vorzuwerfen.“ (Mk 7,27) Mag diese barsche Abwehr Jesu auch gar nicht in das übliche Jesusbild passen, Jesus zeigt und versteht sich hier ganz als Jude. Er ist nur für die Kinder Israels da; sein Auftrag gilt nicht den Heiden. So versteht Jesus seine Sendung.

Selbst diese harte Antwort Jesu aber wirft die Frau aus dem Evangelium nicht aus der Bahn. Um ihrer Tochter willen nimmt sie ihren ganzen Mut zusammen und bleibt hartnäckig am Ball, ja greift geistesgegenwärtig und schlagfertig Jesu Wort auf und kontert: „Ja, du hast recht, Herr! Aber auch für die Hunde unter dem Tisch fällt etwas von dem Brot ab, das die Kinder essen.“ (Mk 7,28)

Ich finde diese Haltung beeindruckend; bei so viel Mut stockt mir geradezu der Atem. Jesus kränkt diese Frau, zeigt ihr die kalte Schulter, sie aber reagiert weder beleidigt noch entsetzt; sie hält an Jesus fest, ja setzt mit ihrer mutigen Antwort alles auf eine Karte. Gerade diese Reaktion aber bewirkt Veränderung. Weil ihr Glaube so entwaffnend, ihre Hoffnung nicht klein zu kriegen ist, begreift Jesus etwas, was er vorher nicht verstanden hat, dass nämlich Gottes Heilsplan nicht nationalistisch und eng ist, und dass – bildlich gesprochen – auch Hunde Geschöpfe Gottes sind. Jesus, der Lehrer, wird durch den Glauben der heidnischen Frau belehrt, und ihre Tochter wird geheilt.

Für mich ist diese Geschichte nach wie vor aktuell; sie spricht mitten in unsere Situation hinein und zwar in mehrfacher Hinsicht. So zeigt sie uns Menschen des 3. Jahrtausends, dass sich auch für uns Mut und Hartnäckigkeit lohnen. Durch Zivilcourage kann auch unsere oft kranke Welt Heilung erfahren. Wie die heidnische Frau können auch wir mutig den Widerständen in uns und um uns herum begegnen, können gegen lebensfeindliche Trends auftreten, uns gegen inhumane Verhaltensweisen in unserem Alltag wehren und Alternativen aufzeigen.

Weiter schreiben lässt sich diese Geschichte aber auch dann, wenn Christen und Christinnen heute damit rechnen, dass Gottes

Wirken auch in unserer Welt nicht einzugrenzen ist. Sein Geist weht, wo er will; er ist wirksam auch außerhalb unserer Kirche. Er spricht auch durch Menschen, die uns heute fremd und andersartig erscheinen.

Schließlich empfinde ich diese Geschichte als besondere Herausforderung für Frauen in der Kirche. Ist es nämlich in der biblischen Erzählung Jesus selbst, der – zugegebenermaßen – nach anfänglicher Abwehr auf die Frau hört und sich durch ihren Glauben belehren lässt, heißt dies für mich: Auch die Männer in unserer Kirche brauchen die Lebens- und Glaubenserfahrungen von Frauen. Wie Jesus können auch sie in der Begegnung mit Frauen lernen. Findet dieser Lernprozess statt, hören Männer und Frauen aufeinander, lassen sich Männer an der ein oder anderen Stelle auch vom Mut und Engagement der Frauen belehren, werden beide Geschlechter sich gegenseitig bereichern. Vor allen Dingen kann dann auch heute in unserer Kirche und durch sie Heilung geschehen. Weil ich davon zutiefst überzeugt bin, möchte ich mit anderen Frauen gemeinsam immer wieder all meinen Mut zusammennehmen und meine Stimme erheben, wo es notwendig ist. In und mit der Solidarität anderer Frauen möchte ich auf Jesus setzen, ihn um seinen Geist bitten, damit wir als Frauen auch in unserer Gesellschaft und Kirche couragiert für das Evangelium eintreten und christliches Profil zeigen können.

Baustein 1:
Annäherung an das Thema

In der Mitte des Stuhlkreises liegt ein großes Plakat mit der Aufschrift: „Frauen zeigen Mut, wenn …“ Die TN werden eingeladen, bei meditativer Musik Einfälle zu diesem Satzanfang zu notieren.

Nach einem kurzen Austausch über diese ersten Assoziationen zum Thema erfolgt eine Vertiefung durch eine Einzelbesinnung: „Was mich hindert, was mich fördert, in meinem Alltag mutig zu sein“. Diese Einzelbesinnung kann mit einer kleinen Imaginationsübung eingeleitet werden. Die Leiterin fordert die TN auf, – wenn möglich – die Augen zu schließen, ihrem Atem ein wenig nachzuspüren und sich die letzten vier Wochen in Erinnerung zu rufen. Die

TN schauen auf ihre Lebenssituation – was sie gemacht haben, mit wem sie in Kontakt waren, was es an Besonderem gegeben hat und welche alltäglichen Routineangelegenheiten zu bewältigen waren – und gehen der Frage nach: „Gab es Situationen, in denen mein Mut gefordert war? Wie habe ich reagiert?" Nach der Besinnung machen sich die TN Notizen zu dem Impuls: „Was mich hindert/fördert, in meinem Alltag mutig zu sein!" Danach erfolgt ein kurzer Austausch in Murmelgruppen und im Plenum eine Weiterführung unter der Fragestellung: „Was ist mir im Hinblick auf mutiges Verhalten deutlich geworden?"

Baustein 2:
Erarbeitung des Bibeltextes Mk 7, 24 – 30

Die Leiterin liest den Text Mk 7, 24 – 30 vor. Anschließend fordert sie die TN auf, sich im Raum zu verteilen und während eines nochmaligen Lesens des Textes Bewegungen und Gesten zu den einzelnen Szenen zu machen. Damit die TN sich in die einzelnen Szenen einfühlen können, muss das zweite Lesen langsam erfolgen. In einem anschließenden Gespräch haben die TN Gelegenheit, sich zu ihren Gefühlen bei der Darstellung der einzelnen Szenen zu äußern. Danach werden die TN angeregt, das Geschehen zwischen Jesus und der Syrophönizierin unter folgender Fragestellung zu betrachten:

- Was tut und sagt Jesus! Wie wird er charakterisiert?
- Was tut und sagt die Syrophönizierin? Wie wird sie charakterisiert?

Die TN beantworten die Fragen auf Kärtchen, wobei jeweils eine Handlung bzw. Eigenschaft auf eine Karte geschrieben wird. Für beide biblischen Gestalten werden die Karten den entsprechenden Personen zugeordnet, wobei es zur folgenden Skizze kommen könnte:

Jesus	**Die Syrophönizierin**
bricht auf	
zieht ins Gebiet von Tyrus	
geht in ein Haus	
will verborgen bleiben	hat eine kranke Tochter
sucht Ruhe	hört von Jesus
	kommt
	fällt Jesus zu Füßen
	macht sich klein
	bittet Jesus, den Dämon
	auszutreiben
Jesus antwortet: „Lasst zu-	ihre Tochter bedeutet ihr viel
erst die Kinder satt werden!“	
Er weiß sich nur zu Israel	
gesandt	
„Es ist nicht recht, das Brot	
den Kindern wegzunehmen“	
abweisend	
ablehnend	
unwirsch	lässt sich nicht abweisen
hart	geht auf Jesus ein
arrogant	antwortet mutig und schlag-
	fertig
	„Ja, du hast recht …“
	bleibt am Ball
	hartnäckig
Jesus öffnet sich	„Auch für die Hunde fällt
wendet sich der Frau zu	etwas ab“
hat seine Meinung geändert	
„Weil du das gesagt hast …“	
hilft ihr	
schickt sie weg	
„Geh … der Dämon hat deine	
Tochter verlassen“	geht nach Hause
	findet das Kind
	sieht: Der Dämon ist weg
	ihr Einsatz hat sich gelohnt

Die Skizze macht deutlich, dass das Verhalten der Frau bei Jesus Veränderung bewirkt. Er macht durch sie die Erfahrung, dass seine Sendung über Israel hinausgeht. Im Gespräch wird erörtert, dass diese Botschaft nach wie vor gilt. Wie damals spricht Gott auch heute auf ungewöhnlichen Wegen zu uns, z.B. durch Menschen, die uns fremd und andersartig erscheinen. Sein universaler Heilwille und sein Wirken sprengen alle von Menschen gemachten und empfundenen Grenzen.

Baustein 3:
Der Botschaft der Geschichte im eigenen Alltag nachgehen

Die TN werden nun noch einmal gebeten, auf ihren Alltag und solche Situationen zu schauen, in denen ihr Mut gefordert ist. Sie überlegen, wozu die Syrophönizierin sie ermutigt und notieren ihre Gedanken auf einem Zettel. Auf einen zweiten Zettel schreiben sie, welchen ersten Schritt sie in der kommenden Zeit tun wollen, um mutiger zu werden. Soweit die TN wollen, lesen sie in einem abschließenden Plenum ihre Gedanken vor und legen Zettel in die Mitte.

Zur Abrundung der Arbeit kann folgender Text vorgetragen werden:

fallt aus der Rolle
fallt aus der Rolle
fürchtet euch nicht
werdet zu Menschen
die sich trauen
werdet freie Frauen
Gott hat uns nicht zu Puppen bestimmt
im Marionettenspiel
das Leben gestalten und tragen
die eigenen Schritte wagen
fallt aus der Rolle
fürchtet euch nicht
werdet zu Menschen
die sich trauen
werdet freie Frauen

Gott hat uns nicht an Ketten gelegt
als Schmuckstück und Magd für Herren
die Gaben entfalten und handeln
das Sterben in Zukunft verwandeln
fallt aus der Rolle
fürchtet euch nicht
werdet zu Menschen
die sich trauen
werdet freie Frauen

(Christa Peikert-Flaspöhler, in: Heut singe ich ein anderes Lied – Frauen brechen ihr Schweigen. Theologie konkret Bd.3, Rex Verlag Luzern 1992)

(Ne)

Die heilige Veronika: Mitleiden und Mitgehen

Die kleine Veronika von Jerusalem (Namensfest 4. Februar) kommt in keinem der vier Evangelien vor. Vielmehr handelt es sich um eine unhistorische Legende, in der Veronika Jesus auf dem Weg nach Golgatha das Schweißtuch gereicht haben soll.

Wie an vielen Stellen im Evangelium beweist hier eine Frau Tatkraft und handelt. Sie wischt Jesus, dem Verurteilten, den Schweiß von der Stirn. Das blutbefleckte Antlitz bildet sich im Schweißtuch ab.

Seit dem vierten Jahrhundert wird im Abendland die Veronikalegende verbreitet und weiter ausgestaltet: Veronika soll, so die „legenda aurea", eine blutflüssige Frau gewesen sein. Sie gehörte zum Kreis der weinenden Frauen am Wegesrand des Leidens Jesu. Die Legende erzählt uns, dass sie ein Bild von Jesus haben wollte und sich an den Heiligen Lukas wandte, der als Maler galt. Sie bittet ihn, ihr ein Bild zu malen. Da dieser sich nicht in der Lage sieht, ihren Wunsch zu erfüllen, geht Veronika zu Jesus, der sein Gesicht auf dem Schweißtuch abbildet.

Das Bild auf dem Schweißtuch wird „Vera ikona" genannt und es wird vermutet, dass sich daraus später der Name der Frau ableitete: Veronika. Eine andere Geschichte erzählt uns, dass die Heilige wahrscheinlich ursprünglich „Berenike" genannt wurde. Aus dem Griechischen übersetzt bedeutet dies: „Die Siegbringerin".

Unsere empathischen Fähigkeiten entwickeln

Schon als Kind habe ich immer wieder Fragen nach den Frauen im Kreuzweg gestellt. Insbesondere Veronika hat mich sehr beeindruckt, da es mir unverständlich erschien, warum sie dort im Leiden Jesu auftauchte: Heute ist mir dies verständlicher. Veronika setzt ein Zeichen in die Ausweglosigkeit, in das Leiden Jesu hinein.

In meiner Arbeit begegne ich vielen Frauen, die eben dieses tagtäglich machen: Sie pflegen Angehörige, begleiten Sterbende, sie spenden Trost. Sie sind einfach da, wo sie gebraucht werden. Ich empfinde große Achtung für die vielen Frauen, die vielfach unbemerkt Hilfen im Alltag geben: in ihren Familien, der Nachbarschaft oder im Freundeskreis. Auch wenn die Unterstützung in den eigenen Augen noch so unbedeutend, nicht weitgehend genug erscheint, so ist sie dennoch notwendig, not-wendend. In diesen kleinen Alltäglichkeiten spiegelt sich ein wenig von der Liebe der Mutter am Kreuzweg ihres Sohnes. Auch Maria– ähnlich wie Veronika – konnte das Schicksal nicht abwenden, nicht wirklich zu einer grundlegenden Veränderung der Geschichte beitragen. Aber sie war da. Allein das zählt!

Bei einem Besuch in Ellwangen auf der Schwäbischen Alb habe ich in der Kirche von Rosenberg eine sehr eindrückliche Veronikadarstellung des Künstlers Sieger Köder entdeckt. In der sechsten Kreuzwegstation zeigt uns Köder die heilige Veronika mit dem Schweißtuch. Sie schaut uns durch ihren dunklen Schleier an. Vor sich hält sie das weiße Schweißtuch, in dem das blutige Antlitz Jesu zu erkennen ist. Vor dem Tuch erkennt man eine Tonschale, die von zwei schwarzen Händen gehalten wird. Je nach Betrachtung kann man zwei Dinge erkennen. Von unten her die dunklen ausgestreckten Arme eines hungernden Menschen oder aber die Hände Jesu, dessen Gesicht im Schweißtuch abgebildet ist. Die dunklen Hände sind die Hände Jesu, seine und die des Hungernden sind identisch. Mehr noch: Es könnten auch die ausgestreckten Arme der BetrachterIn sein. So finden wir uns unweigerlich am Rande des Kreuzweges wieder.

Bei einem Gespräch mit Sieger Köder erzählte er, dass er auf vielfache Weise versucht hat, in seinen Werken die biblischen und traditionellen Geschichten in die heutige Zeit zu übersetzen. Die BetrachterIn muss sich unweigerlich die Frage stellen: Wer ist für mich heute hungernd, wo wird meine Hilfe benötigt?

Der Blick in die traurigen Augen Veronikas und das blutige Gesicht Jesu konfrontieren uns jedoch auch mit unserer Hilflosigkeit angesichts des vielfachen Leidens der Menschen in unserer Umgebung und in der Welt.

Veronika reicht Jesus das Schweisstuch
VI.

Baustein 1: Arbeiten mit der sechsten Station

Kopieren Sie das Bild der Kreuzwegstation für jedes Mitglied der Gruppe. Sammeln Sie im Plenum die Eindrücke zu diesem Bild und achten Sie darauf, dass alle Assoziationen ihren Platz bekommen. Haben die TeilnehmerInnen die drei Perspektiven der Hände (siehe Text) entdeckt? Wenn nicht, ergänzen Sie diese. Bilden Sie aus dem Plenum Untergruppen. Der Arbeitsauftrag lautet: Was muss aus der Perspektive Jesu, eines Armen und aus meiner Perspektive in die Schale? Was wird gebraucht?

Fragen Sie weiterhin, welchen Satz jede(r) Einzelne der Veronika auf dem Bild in den Mund legen würde. Kommen Sie ins Gespräch.

Beenden Sie die Runde mit einem Vaterunser oder dem Lied: „Da berühren sich Himmel und Erde“.

Baustein 2: Mitleiden und helfen

Schreiben Sie die beiden Begriffe jeweils auf einen Plakatkarton und teilen ihn in zwei Hälften. Auf die eine Seite malen Sie jeweils ein Plus – auf die andere ein Minuszeichen: Es geht um die Licht- bzw. Schattenseiten von Mitleiden und helfen. Sammeln Sie im Plenum Ihre Assoziationen. Bilden Sie Kleingruppen und erzählen Sie sich Erfahrungen – eigene und Erfahrungen mit anderen. Was ist das Beglückende, was das Schwierige, warum lohnt es sich, mit zu leiden und zu helfen?

Im Plenum bitten Sie zum Abschluss jede(n), eine Person aus der Familie oder dem Freundeskreis zu besuchen und ihnen eine Anerkennung für ihre Arbeit auszusprechen.

(CS)

Die heilige Monika: Eine von uns?

Wenngleich die Heilige Monika zu den vergleichsweise wenigen Müttern gehört, welche die Kirche heilig gesprochen hat – die Anzahl der heiligen Jungfrauen überragt die der heiligen Ehefrauen und Mütter erheblich –, stand ihr Name wohl nie auf der Hitliste christlicher Eltern bei der Namensgebung ihres Mädchens. Inzwischen ist dieser Name in unseren Breitengraden nur noch selten zu finden. Während Lisa, Anna, Katharina und andere Namen unserer Glaubensmütter hoch im Kurs stehen, spielt der Name Monika so gut wie keine Rolle. Die Ursachen dafür sind zu den verschiedenen Zeiten jeweils andere gewesen. Einen Grund für die mangelnde Bedeutung des Namens und damit der Persönlichkeit der Heiligen Monika heute erblicke ich in dem nach wie vor dominierenden Bild dieser Frau in unserer Kirche: Monika – das ist die für ihren großen Sohn Augustinus sich verzehrende Mutter, die bis zur Selbstaufgabe alles daran setzt, dass Augustinus durch die Wirrungen und Irrungen seines Lebens den Gott Jesu Christi findet und sich ihm ganz und gar verschreibt. Dabei scheint es, als habe Monika keine anderen Fähigkeiten, als nur für ihren Sohn da zu sein und Gott flehentlich und unter Tränen zu bitten, er möge Augustinus auf den rechten Weg des Glaubens führen.

Dieses Bild aber finden mit mir viele andere Frauen auch nicht besonders attraktiv und faszinierend. Darüber hinaus wird es der hl. Monika auch nicht gerecht, denn auch sie war mehr als die sich aufopfernde Mutter. Sie war eine eigenständige Frau, eine beeindruckende Persönlichkeit, die auch heute noch wegweisend für eine weibliche Lebensgeschichte sein kann. Ihre Biografie, die uns über die Werke des hl. Augustinus vermittelt wird, lässt das Profil einer Frau aufscheinen, mit der sich auch heutige Frauen identifizieren können.

Monika wurde 331 im nordafrikanischen Tagaste geboren, wo sie in einer religiösen Familie und in der Gemeinschaft einer lebendigen Gemeinde aufwuchs. Die „Confessiones", die „Bekenntnisse" des hl. Augustinus, weisen darauf hin, dass Monika schon in ihrer Kindheit und Jugend Charaktereigenschaften ausprägte, die sie später auszeichneten. Neben Standhaftigkeit und Frömmigkeit lernte sie insbesondere von einer alten Haussklavin, die für die Erziehung der Kinder zuständig war, das strenge Maßhalten, sodass sie auch als Erwachsene nie mehr als den Inhalt eines kleinen Bechers trank, den sie als Maß stets bei sich trug. Schon als junger Mensch zeigte Monika außerdem ihre tiefe religiöse Sensibilität, die sich in Gebet und Sammlung ausdrückte, einen starken Willen und stolzen Charakter sowie eine hohe Intelligenz.

Nur aus beiläufigen Bemerkungen der „Bekenntnisse“ und anderer Bücher wissen wir, dass aus der Ehe der hl. Monika mit dem Heiden Patricius wahrscheinlich vier Kinder hervorgingen. Augustinus' Bruder Navigius wird namentlich erwähnt, während die beiden Töchter ungenannt blieben. Von einer wird lediglich gesagt, dass sie als Witwe das Nonnenkloster in Hippo, eine Gründung des hl. Augustinus, leitete.

Da es Augustinus in seinen „Bekenntnissen“ weniger um äußere Daten als um seine innere Entwicklung geht, verwundert es nicht, dass er auch bei der Erwähnung seiner Familie mehr an inneren Zuständen als an historischen Fakten interessiert war. So erfahren wir, dass Monikas Ehe mit Patricius nicht spannungsfrei war. Wenngleich Patricius seine Ehefrau zwar nicht schlug, was in der damaligen patriarchalen Welt durchaus üblich war, litt Monika unter seinen Zornausbrüchen und Wutanfällen ebenso wie darunter, dass er es mit der ehelichen Treue nicht so genau nahm. Trotz dieser Verletzungen durch ihren Ehemann wusste Monika sich gegenüber ihrem Mann klug zu verhalten. Sie widersetzte sich nicht der patriarchalen Ordnung, provozierte ihren Mann in Streitgesprächen nicht, sondern wartete gelassen ab, bis sich der Ärger ihres Mannes legte, um ihm dann zu erklären, inwiefern sie im Recht war. Auf diese Weise erwarb sie nach und nach die Achtung ihres Mannes und erlebte auch noch, dass Patricius sich zum Christentum bekehrte.

Wie ihrem Mann gegenüber zeigte Monika auch im Freundes- und Bekanntenkreis eine außerordentliche Liebenswürdigkeit und Güte. Wo immer es ihr möglich war, stiftete sie Frieden und Eintracht, wofür sie von vielen bewundert wurde.

Dass Monika eine besonders enge Beziehung zu ihrem Sohn Augustinus entwickelt hat, steht außer Frage. Wie ein roter Faden durchzieht diese Mutter-Sohn-Beziehung Augustinus' „Bekenntnisse“, wobei deutlich wird, dass Monika eine gleichermaßen entschlussfreudige wie hochsensible Frau war. Mit ihrem Mann gemeinsam unterstützte sie die Studien ihres Sohnes, weil sie vom Wert der Wissenschaft überzeugt und selbst jedem Wissen gegenüber aufgeschlossen war. Vor allen Dingen aber begleitete sie ihren Sohn mit ihrem Gebet.

Besonders schmerzlich war es deshalb auch für sie, als Augustinus, der schon als Kind unter die Katechumenen aufgenommen wurde, aber nicht die Taufe, sondern nur die Salzweihe erhalten hatte, sich von der Kirche abwendete und sich mit 19 Jahren dem Manichäismus anschloss, einer Erlösungslehre, nach der das Heil einzig und allein aus dem Wissen und der Erkenntnis kommt. Dieser Abfall vom Glauben war für Monika ein solcher Schock, dass sie ihrem Sohn zunächst das Haus verbot. Durch ruhiges Überlegen und durch einen Traum, der ihr die Bekehrung ihres Sohnes verhieß, revidierte sie allerdings ihre Überzeugung und nahm Augustinus wieder bei sich auf. Was Augustinus später an ihr rühmen wird, dass Monika eine hoch gebildete Gesprächspartnerin war, die durchaus ihrem Sohn und anderen Männern gewachsen war, zeigt sich bereits hier: Sie diskutiert mit Augustinus immer wieder über den rechten Weg im Leben.

Dass Monika allerdings immer wieder dazu neigte, ihren Sohn total zu beanspruchen und zu bestimmen, dokumentieren mehrere Ereignisse im Leben des Heiligen. So half dem 28-Jährigen nur eine List, um ohne seine Mutter nach Rom zu entkommen. Ebenso versuchte Monika, Augustinus mit einem Mädchen ihrer Wahl zu verheiraten und veranlasste die Trennung von einer Frau, mit der Augustinus 14 Jahre eine Beziehung hatte und welche die Mutter seines Sohnes war. Zur Heirat kam es allerdings nicht, weil Augustinus sich zur übergroßen Freude seiner Mutter zu dieser Zeit bekehrte und sich zu einem Leben nach den Evangelischen Räten entschloss. Bevor Monika im Herbst des Jahres 387 an Fieber erkrankte und starb, erlebte sie noch die Taufe ihres Sohnes Augustinus in der Osternacht desselben Jahres.

Versuchen wir das Leben der Heiligen Monika zu würdigen, tritt uns darin eine Frau entgegen, die sich durch große mütterliche Liebe und Sorge auszeichnet. Wenngleich sie in ihrer Bemutterung an der ein oder anderen Stelle für heutige Frauen sicherlich den Bogen überspannt, ist gerade ihr Bemühen um den Glauben ihres Sohnes insbesondere für Mütter eine bleibende Herausforderung. Nach wie vor erleben es nämlich viele ebenso schmerzlich wie Monika, wenn ihre Kinder andere Wege als die von ihnen vorgelebten und vorgezeichneten gehen. Deshalb können diese Frauen sich in ihren Schwierigkeiten mit der Heiligen identifizieren, empfinden sie als eine Frau, die wie sie selbst manchen Kummer durchlebt und durchlitten hat.

Darüber hinaus profiliert sich Monika allerdings auch als eine Frau, die bei aller Zurückhaltung die geistige Auseinandersetzung mit Männern nicht scheut. Sie erweist sich tatkräftig und standfest, vermittelt klug zwischen den Menschen und stiftet Frieden und Eintracht. Damit wird sie nicht nur für Mütter, sondern für Frauen und Männer unterschiedlicher Lebensform zum Vorbild. Denn was braucht unsere Welt mehr als standhafte, kluge, tapfere und friedliebende Menschen?

Baustein 1: Imaginationsübung: Eine Reise in die eigene Vergangenheit

Die Gesprächsleiterin gibt folgende oder ähnliche Impulse für diese Imaginationsübung: „Ich möchte Sie einladen zu einer kleinen Reise in die Vergangenheit. Diese Reise soll in Ihre Kindheit und Jugend gehen und Ihnen diese Zeit noch einmal vor Ihr inneres Auge holen. Wie jede Reise vorbereitet sein will, bedarf auch diese Reise der Vorbereitung. Ich werde Ihnen im Folgenden einige Anleitungen zur Reisevorbereitung und zur Reise selbst geben, wobei ich diese Impulse in der Ich-Form sprechen werde:

„Ich suche mir eine bequeme Haltung, in der ich einige Zeit in Ruhe und Gelassenheit sitzen kann. Dabei stelle ich beide Beine auf den Boden und spüre, dass ich Boden unter meinen Füßen habe. Leicht und locker liegen meine Hände auf den Oberschenkeln. Um bei mir sein zu können, schließe ich meine Augen oder suche mir einen Punkt in der Mitte des Stuhlkreises. Noch einmal spüre ich nach, ob ich gut sitze oder meine Haltung verändern möchte. Ich atme tief ein und aus und begleite meinen Atem, spüre nach, wie er kommt und geht ... Langsam wird mein Atem ruhiger. Ich sitze ganz ruhig da und werde so ruhig wie mein Atem. Und wie mein Atem kommt und geht, so kommen und gehen auch meine Gedanken ...

Ich begebe mich nun auf eine kleine Reise. In meiner Fantasie gehe ich aus diesem Raum, verlasse die Menschen hier und gehe zurück in meine Vergangenheit ... Ich hole mir einige gute Erfahrungen der vergangenen Jahre noch einmal in Erinnerung und spüre nach, welche Kräfte ich aus diesen Erfahrungen für mein Leben gewonnen habe ...

Ich verabschiede mich von diesen Erfahrungen und gehe Jahr für Jahr zurück, bis ich in meiner Kindheit und Jugendzeit angekommen bin ... Vor mir taucht das Haus auf, in dem ich gelebt habe. Ich betrete es und gehe durch alle Räume dieser Wohnung. Ich spüre dabei meinen Gedanken und Gefühlen nach ... Vor mir tauchen die Menschen auf, mit denen ich als Kind und Jugendliche in diesem Haus gewohnt habe. Ich höre ihre Stimmen, nehme vielleicht bestimmte Gerüche wahr oder einen Geschmack auf meiner Zunge ...

Auf meiner Reise durch die Wohnung gelange ich an einen vertrauten Tisch, auf dem ich ein Fotoalbum entdecke. Ich blättere darin herum, Erinnerungen werden wach ...

Bei einem Bild bleibe ich hängen. Es ist das Bild einer Frau, meiner Mutter. Ich schaue genau hin und sehe sie in meiner Kindheit und Jugendzeit vor mir ... Mir fallen typische Ereignisse mit ihr ein ... Ich frage mich, wer war meine Mutter für mich in dieser Zeit ... ? Nach einiger Zeit – so wie es für mich gut ist – schlage ich das Fotoalbum zu. Ich verlasse den Raum, das Haus meiner Kindheit und Jugend und kehre langsam zurück in die Gegenwart. Ich komme hier im Raum, bei den Menschen, die hier zusammen gekommen sind, wieder an. Ich atme noch einmal tief durch und – wenn ich mag – recke und strecke ich mich, um wieder ganz da zu sein."

Im Anschluss an diese Übung tauschen sich die TN zu dritt über folgende Impulse aus:

- Welche Ereignisse Ihrer Kindheit/Jugend sind Ihnen in Erinnerung gekommen?
- Welche Rolle spielte darin Ihre Mutter?
- Wie würden Sie Ihre Mutter charakterisieren?

- Was haben Sie als Kind/Jugendliche an Ihrer Mutter geschätzt, was nicht?
- Wie würden Sie die Beziehung zu Ihrer Mutter heute charakterisieren (wenn Ihre Mutter nicht mehr lebt, wie war die Beziehung zwischen Ihnen als Erwachsene?)?

Baustein 2:
Die hl. Monika als Frau und Mutter eine von uns?

Bevor die Gesprächsleiterin den TN einen Überblick über die Lebensgeschichte der hl. Monika gibt, lässt sie diese in einem Brainstorming sammeln, was ihnen zu dieser Frau einfällt. Die Gedanken werden auf Plakatkarton oder Flipchart notiert und von der Gesprächsleiterin in die anschließende Vorstellung der Heiligen integriert.

Nachdem die TN auf diese Weise einen ersten Einblick in das Leben der hl. Monika bekommen haben, erfolgt ein Austausch im Plenum anhand folgenden Impulses:

„Wenn Sie sich das Leben der hl. Monika vor Augen führen und Ihre eigene Erfahrungen mit Ihrer Mutter bedenken, was können Sie verstehen, was erscheint Ihnen aber auch schwer verständlich bzw. fremd?"

Baustein 3:
Loslassen – nicht nur eine Herausforderung für die hl. Monika, sondern auch für uns

Die Gesprächsleiterin lädt die TN zu einer kleinen Körperübung ein, die mit folgenden oder ähnlichen Worten eingeleitet werden kann: „Im Leben der hl. Monika können wir entdecken, dass es ihr nicht leicht gefallen ist, ihren Sohn los zu lassen. Das geht vielen Müttern so. Aber nicht nur Mütter, sondern wir alle sind immer wieder herausgefordert, Dinge und Menschen los zu lassen. Das fällt uns nicht immer leicht, kann uns aber die Erfahrung der Befreiung schenken.

Dies möchte ich Sie in einer kleinen Partnerübung erfahren lassen, zu der ich Sie einlade. Stellen Sie sich zu zweit zusammen und schlingen Sie ein Seil um den Körper, sodass Sie aufs Engste miteinander verbunden sind. Laufen Sie so für einige Minuten im Raum umher; dann lassen Sie das Seil los und spüren dem Loslassen nach.

Nach der Übung erfolgt ein kurzer Partneraustausch darüber, wie es den TN bei der Übung ergangen ist. Im Plenum wird die Frage erörtert: Was ist mir durch die Übung zum Thema „Loslassen" deutlich geworden?

Baustein 4:
Abschluss

Zum Abschluss verweist die Gesprächsleiterin noch einmal auf das Leben der hl. Monika, indem sie hervorhebt, dass die hl. Monika unter den Bedingungen ihrer Zeit darauf vertraut hat, dass Gott sie durch ihr Leben begleitet. Dieses Gottvertrauen hat ihr ermöglicht, ihren Weg zu gehen.

In einem Gebet oder Lied bringen die TN ihre Bitte vor Gott, den eigenen Weg zu finden. Als Lied eignet sich z.B. „Zeige uns den Weg, wenn der Morgen winkt." (kfd-Liederbuch Nr. 10)

(Ne)

Die heilige Katharina von Siena: Mystikerin, Politikerin und Prophetin

Nicht erst seit Papst Paul VI. 1970 Katharina von Siena zusammen mit Teresa von Avila zur Kirchenlehrerin erhoben hat, steht diese Heilige bei vielen Menschen hoch im Kurs. In ihrem Heimatland Italien wurde sie, die im heimatlichen Dialekt sprach und keinerlei Schulbildung besaß, schon 1939 zur Patronin des Landes erhoben. Dass Katharina auch in Deutschland von vielen verehrt wird, zeigen nicht nur die unzähligen Frauen, die ihren Namen tragen, sondern auch ihr außerordentlicher Stellenwert in der kirchlichen Frauenbewegung. So hat der Katholische Deutsche Frauenbund ihren Festtag, den 29. April, 1997 zum „Tag der Diakonin" proklamiert.

Wenn also Katharina für Frauen unserer Zeit ein Zeichen der Hoffnung und der Ermutigung ist, lässt sich fragen: Worin liegt die bleibende Faszination in ihrem Lebenswerk? Diese Frage stellt sich gerade deshalb, weil ja Vieles im Leben dieser Frau für uns heute sogar anstößig ist: Ihre Visionen, ihre Blutmystik, ihre von Sinnlichkeit erfüllte Rede erscheinen uns fremd und unverständlich. Sie sind uns so fern wie ihre Lebenswelt des ausgehenden Spätmittelalters. Werfen wir deshalb zunächst einen Blick auf ihre Biografie und ihre Zeit.

Katharina wird 1347 als 24. bzw. 25. Kind (es waren Zwillinge) des Färbers Jacopo di Benincasa und seiner Frau Lapa geboren. Als sie gerade ein Jahr alt ist, ergreift 1348 die Schwarze Pest ganz Europa und rafft ein Drittel der Bevölkerung hinweg. In Siena, der Geburtsstadt Katharinas, sterben sogar 50 Prozent der Bevölkerung durch die Epidemie, die fortan Katharinas Lebensgefühl wesentlich bestimmen wird, zumal 1374 eine zweite Pestwelle ihr auch 2 Pflegekinder und 8 Nichten und Neffen raubt.

Neben der Pest rufen etliche Bedrohungen und Krisen bei den Menschen des 14. Jahrhunderts so etwas wie eine Endzeitstimmung hervor. So wird die große Pest von 1348 von einem Erdbeben begleitet, in Italien löst sich die alte Feudalordnung auf. Rom, von den Päpsten verlassen, ist zerfallen und wird von korrupten Klerikern beherrscht. Nicht enden wollende Partei- und Familienkämpfe, unvorstellbare Intrigen und entsetzliche Morde prägen das Jahrhundert, an dessen Ende die Zerrüttung der beiden Ordnungsmächte, des Kaiser- und Papsttums, steht: es gibt zwei Kaiser und schließlich drei Päpste. All diese Ereignisse sowie eine außerordentliche Betonung von Körperlichkeit und Sinnlichkeit beeinflussen die Heilige entscheidend und finden einen Niederschlag in ihren Gedanken und Gefühlen.

Wie sensibel Katharina auf die Wirren ihrer Zeit reagiert, zeigt sie bereits mit 7 Jahren, als sie ihre erste Christusbegegnung erlebt. Über der Dominikanerkirche erscheint ihr Christus in weißen bischöflichen Gewändern und segnet sie. Mit 12 wehrt Katharina sich entschieden gegen die Heiratswünsche ihrer Eltern und erklärt mit einer Protestaktion – sie rasiert sich den Kopf –, sie möchte sich dem Laienorden der Dominikaner, den so genannten Mantellaten, anschließen. Dieser Wunsch war nach damaligen Vorstellungen allerdings völlig absurd, weil zu diesem Drittorden nur ältere, in der Regel verwitwete Frauen gehörten. Von daher wehrt nicht nur die Familie, sondern auch der Orden ab, woraufhin Katharina in eine schwere Krankheit verfällt, die ihr Äußeres entstellt.

Katharina bleibt trotz aller Widerstände ihrem Ziel treu und so wird sie 1364 Mitglied des Dritten Ordens, was zunächst Gebet und den Dienst an den Kranken und Armen meint. Aber wieder geht Katharina zunächst einen anderen Weg: Sie zieht sich für drei Jahre auf ihr Zimmer im Elternhaus zurück, isst kaum, schläft wenig und betet viel. In diese Jahre fallen tiefe mystische Erfahrungen.

Mit 21 Jahren erscheint Katharina wieder im Kreis ihrer Familie und übernimmt jetzt zum ersten Mal die Dienste einer Mantellatin. Sie pflegt Kranke, widmet sich Armen und Gefangenen und spendet den Sterbenden Trost. Es dauert nicht lange, dass sich Anhänger um sie scharen, ihre „famiglia", die wie Katharina selbst ein Leben im Gebet und im Dienst am Nächsten führt. Nach und nach tritt Katharina zunehmend mehr an die Öffentlichkeit. Sie beginnt mit dem Papst und anderen kirchlichen und weltlichen Herrschern eine rege Korrespondenz, sodass wir heute auf annähernd 400 von ihr geschriebenen (wahrscheinlich unter Mithilfe von Schreibern) Briefen blicken können.

Als Florenz 1375 zu einer antipäpstlichen Liga aufruft, versucht Katharina zwischen den Parteien zu vermitteln, entwickelt Aussöhnungskonzepte und reist schließlich 1376 mit ihrem Beichtvater und einigen Anhängern nach Avignon, um den Papst zur Rückkehr zu bewegen. Ihren Friedensbemühungen ist jedoch wenig Erfolg beschieden, auch wenn sie daran beteiligt ist, dass Papst Gregor XI. im Januar 1377 nach Rom zurückkehrt, wo er allerdings bald stirbt. Nach seinem Tod kommt es schon im Sommer 1378 zum Schisma: Der neue Papst Urban VI. erhält einen französischen Gegenpapst. Katharina wirbt für Urban VI. als Reformpapst; sie schreibt an die gesellschaftlichen und kirchlichen Würdenträger, um das Schisma zu beenden. Ende 1378 begibt sie sich auf Geheiß Urbans selbst nach Rom, um den Papst zu beraten. Bereits sehr krank verzehrt sie sich dort in Gebet und Leiden, in Sorge um die Einheit der Kirche und um ihre Mitschwestern. Am 29. April 1380 geht ihr Martyrium zu Ende und sie stirbt mit nur 33 Jahren.

Lassen wir diese Lebensgeschichte Katharinas auf uns wirken, fällt schon auf den ersten Blick auf, dass sie unabhängig von allen gesellschaftlichen und kirchlichen Normen ihrer Berufung gefolgt ist. Die Erfahrung der mystischen Vereinigung mit Jesus hat ihr sodann eine solche Sicherheit und ein außerordentliches Sendungsbewusstsein verliehen, dass sie sich radikal für die am Rande Stehenden, für die Reform der Kirche und für den Frieden in der Welt einsetzen konnte. Aus ihrer tiefen Christusverwurzelung riskierte sie dabei alles, trotzte allen Widerständen und vermochte sich sogar 1374 auf dem Generalkapitel ihres Ordens gegen die Schultheologen durchzusetzen. Obwohl klein und unscheinbar von Gestalt und trotz ihres von Pockennarben entstellten Gesichts übte sie nicht nur auf ihre „famiglia", ihre Anhänger, sondern auch auf die Großen der damaligen Welt und die vielen kleinen Leute ihrer Zeit eine außerordentliche Anziehungskraft aus. Ihre Briefe dokumentieren, dass sie, eine kleine ungebildete Nonne, eine Kennerin des menschlichen Herzens war. Weil sie bis auf den Grund der Seele zu schauen vermochte, konnte sie zur Beraterin weltlicher und kirchlicher Herrscher werden. Sie war sich ihres göttlichen Auftrags gewiss, so dass sie ihre Briefe mehrfach mit den Worten einleitet: „Gott will es, und ich will es …".

Deshalb überzeugt Katharina bis heute als Mensch und Frau: kämpferisch und eigenwillig, schöpferisch, vom Herzen her lebend, in absolutem Bezug auf Gott, auf Christus hin. Ihr Einsatz war ein ganzer, hat sie so aufgezehrt, dass sie schon mit 33 Jahren starb. In ihrer kritischen, herben und deutlichen Art, Stellung zu beziehen und Kritik an den Großen ihrer Zeit zu üben, hat sie der Kirche gedient und genutzt. Mutig und kraftvoll hat sie alle Widerstände ausgehalten, sich von üblen Nachreden und Verleumdungen nicht abhalten lassen und hartnäckig zu ihrer Sendung gestanden. In alldem ist sie auch heute für viele ein Zeichen des Lichts am manchmal so trüben Kirchenhimmel.

Baustein 1:
Kreuzworträtsel zum Leben der Heiligen und Impulsreferat zu ihrer Biografie

Einen spielerisch leichten Zugang zum Leben der Heiligen ermöglicht ein Kreuzworträtsel (Leerfelder und Fragen auf den folgenden Seiten), das die TN zu zweit oder dritt lösen können. Anhand der im Kreuzworträtsel genannten Stichworte macht die Leiterin dann die TN mit der Lebensgeschichte der Heiligen vertraut.

(Eine ausgezeichnete Einführung in die Welt Katharinas gibt der Artikel von Hanna-Barbara Gerl-Falkovitz: Feuer und Blut: Caterina von Siena [1347–1380], in: Dies., Freundinnen. Christliche Frauen aus zwei Jahrtausenden, München: Pfeiffer/Wewel, 1994, S. 65–88.)

									K	L	E	R	U	S	
								V	**I**	S	I	O	N		
								B	**R**	I	E	F			
									C	H	R	I	S	T	I
					K	I	R	C	**H**	E					
								P	**E**	S	T				
						S	I	E	**N**	A					
						I	T	A	**L**	I	E	N			
							F	A	**E**	R	B	E	R		
							S	C	**H**	I	S	M	A		
								K	**R**	E	U	Z	Z	U	G
D	O	M	I	N	I	K	A	N	**E**	R					
									R	O	M				
								D	**I**	A	K	O	N	I	N
					A	V	I	G	**N**	O	N				

In die leeren waagerechten Felder werden von oben nach unten die Lösungen der 15 Fragen (siehe rechte Seite) eingetragen:

1. Gesucht wird der Name eines Standes in der Kirche, dessen Lebensstil von Katharina immer wieder kritisiert wird.
2. Im Alter von 7 Jahren macht Katharina ihre erste tiefe mystische Erfahrung. Tragen Sie das lateinische Wort für diese jenseitige Schau ein!
3. Hier ist der Name einer literarischen Form einzutragen, die Katharina vor allem für ihre kirchenpolitischen Aktivitäten gebraucht.
4. In der Regel verfasst Katharina ihre Schreiben im Namen ...
5. Katharinas Hauptanliegen ist die Reform der
6. Es wird der Name einer Seuche gesucht, die im 14. Jahrhundert immer wieder die Menschen heimsucht.
7. Die Geburtstadt Katharinas heißt
8. Einzutragen ist der Name des europäischen Landes, dessen Patronin Katharina ist.
9. Gesucht wird der Beruf von Katharinas Vater.
10. Noch zu Lebzeiten Katharinas erfährt die Kirche eine Spaltung. Einzutragen ist das griechische Wort.
11. Das Mittel zur Bekämpfung des Islam ist für Katharina der ...
12. Einzutragen ist der Name des Ordens, dem sich Katharina als Mantellatin anschließt.
13. Ihre letzte Ruhestätte findet Katharina in ...
14. Der Namenstag Katharinas wurde vom Kath. Deutschen Frauenbund 1997 zum Tag der ... proklamiert.
15. Gesucht wird der Name einer französischen Stadt, in der sich die Päpste zu Lebzeiten Katharinas zum Teil aufhielten.

Baustein 2: Streiflichter aus dem Leben der hl. Katharina

Um den TN eine vertiefte Auseinandersetzung mit dem Leben der Heiligen zu ermöglichen, lesen die TN in Kleingruppen die „Streiflichter" und tauschen sich über die Gesprächsimpulse aus. Das sich anschließende Plenum steht unter der Fragestellung: „Wenn Sie sich das Leben dieser Heiligen vor Augen führen, in welcher Hinsicht kann Katharina Ihrer Meinung nach Menschen von heute ermutigen?"

*Streiflichter aus dem Leben der hl. Katharina**

Mit sieben Jahren hatte Katharina ihre erste mystische Christusbegegnung. Sie war mit ihrem wenig älteren Bruder Stefan auf dem Heimweg. Da sah sie über der Dominikanerkirche Christus, als Bischof gekleidet, mit der Tiara gekrönt, vom Himmelsglanz umstrahlt, von Heiligen umgeben. Christus sah sie an und segnete sie. „Was machst du da?" fragte der Bruder. Sie machte gar nichts; sie empfing ein Geschenk.

Als die Eltern für die 12-jährige einen geeigneten Ehemann suchten, und Katharina das rundweg ablehnte, kam es zu heftigen Auseinandersetzungen zwischen Mutter und Tochter. Da schnitt sich Katharina die Haare ab und band sich ein Tuch um ihren Kahlkopf. Doch die Mutter beruhigte sich: die Haare würden schon wieder wachsen! So eine Tochter passte nicht in das Schema einer frommen Familie. Der Kontakt zwischen Mutter und Tochter riss zwar nicht ab. Doch als die 80-jährige Mutter nach Katharinas Tod von Rom nach Siena zurückwanderte, soll sie gesagt haben: „Ich kann sie nicht verstehen."

Als junges Mädchen dachte Katharina daran, Männerkleider anzuziehen und so verkleidet in ein Männerkloster einzutreten, zu studieren und dann zu predigen.

* Die Texte dieser Streiflichter sind entnommen: Theologische Kommission des Katholischen Deutschen Frauenbundes Köln (Hrsg.), Katharina von Siena, Arbeitshilfe zum Tag der Diakonin, Köln o.J.

Immer wieder wird von Katharinas Visionen berichtet, ihren Entrückungen, bei denen sie das Bewusstsein verlor. Und nachgefragt, was sie sehe und erlebe, sagt sie: „Ich kann es nicht verantworten, mit unzulänglichen Worten über das zu reden, was ich gesehen habe."

Mit 18 Jahren trat Katharina in den Dritten Orden des heiligen Dominikus ein. Von einer Vision, die ihr da widerfahren ist, berichtet sie. Christus habe zu ihr gesagt: „Geh hinaus! Geh, davon hängt das Heil vieler ab. Du wirst nicht mehr die Lebensweise wie bisher führen. Du wirst unter der großen Menge leben, indem du die Ehre meines Namens vor die Laien, wie die Kleriker und Ordensleute trägst. Ich werde dich den Päpsten vorstellen, die meine Kirche leiten. Dann will ich mit dem, was schwach ist, den Stolz der Starken zunichte machen."

Katharina sammelte einen Kreis um sich, ohne Satzung. Auch ihre Mutter gehörte offenbar dazu. Nach ihrem Tod löste sich der Kreis auf. Die meisten traten in ein Kloster ein.

Katharina versuchte auf verschiedenen Ebenen Frieden zu stiften. Italienische Städte hatten sich verfeindet – das Volk stellte sich gegen den Adel und umgekehrt – Städte standen auf gegen päpstliche Söldnerheere – der Kirchenstaat gegen Florenz – Familienfeindschaften in Siena ...

Katharinas Wahlspruch: „Allein durch den Frieden ist der Krieg zu besiegen."

Katharinas Beichtvater, Raimund von Capua, gesteht: „Von Katharina strömte, ich weiß nicht was für eine Kraft aus, nicht nur von dem, was sie sagte, sondern von ihrem ganzen Wesen."

Erneuerung der Kirche – das war Katharinas großes Ziel. Hier nimmt sie kein Blatt vor den Mund. „Selten geht die Verwirrung in der Kirche vom Volk aus, meist liegt die Schuld am unheilvollen Geschehen bei den Geistlichen."

„Die Hirten tun, als sähen sie nichts. Weißt du warum? Weil die Wurzel der Eigensucht in ihnen lebendig ist. Sie scheuen sich, zu rügen, weil sie selbst an den gleichen Mängeln kranken oder an noch schlimmeren."

Die Verzögerungstaktik Gregors XI. weckte in Katharina Ungeduld. Mit ihrem Beichtvater und einigen Getreuen macht sie sich auf den Weg nach Avignon, zuerst zu Fuß und dann zu Schiff. Drei Wochen war die Gruppe unterwegs. In Avignon lösten die Ankommenden große Überraschung aus. Doch Überraschung war auch auf Katharinas Seite, nämlich über den großen Luxus am päpstlichen Hof! Doch Katharina wusste sich zu benehmen. Schließlich musste der Papst Katharina empfangen. Der Papst war sichtlich beeindruckt und wusste den Argumenten Katharinas nichts entgegenzusetzen. Der Zauderer musste Katharina gehorchen. Er schiffte sich ein und kam 1377 im Januar in Rom an.

Gesprächsimpulse:

- Wie würden Sie anhand der „Streiflichter" Katharina charakterisieren?
- Was beeindruckt Sie an der Persönlichkeit Katharinas? Was ist Ihnen aber auch fremd?
- Was sagt Ihnen das Leben dieser Heiligen für Ihr eigenes Leben?

Baustein 3: *Ein Dialog zwischen der Heiligen Katharina und einer heutigen Frau*

Um den TN die Gelegenheit zu geben, sich die bleibende Botschaft der hl. Katharina noch einmal bewusst zu machen, werden sie eingeladen, sich eine Begegnung mit dieser großen Frau aus dem Spätmittelalter vorzustellen: „Was würde ich der hl. Katharina sagen? Was würde ich sie fragen? Welche Antwort würde sie mir wohl geben?" Die TN formulieren zu zweit einen Dialog mit der Heiligen. Im anschließenden Plenum tragen die TN – soweit sie wollen – ihre Dialoge vor.

Weitere Ideen:

- Arbeit an Texten zum Leben und Werk der hl. Katharina. Diese Texte können ebenfalls der oben genannten Arbeitshilfe des Frauenbundes entnommen werden.
- Diskussion in Kleingruppen über die Frage: Der Festtag der hl. Katharina als Tag der Diakonin – was spricht dafür, was spricht dagegen?

(Ne)

Die heilige Elisabeth von Thüringen: Befreiende Demut

Elisabeth von Thüringen, die Heilige der Caritas, um deren Leben zahlreiche Legenden ranken, gehört hierzulande sicherlich zu den bekanntesten Heiligen. Sie gilt als Heilige der Nächstenliebe, als Frau, die sich gegenüber den Armen als mildtätig und gütig erwiesen hat. Wer sich allerdings etwas näher mit dieser Frau aus dem 13. Jahrhundert beschäftigt, entdeckt, dass Elisabeth mehr ist als eine Frau, die ein paar gute Werke tut: Von frühester Kindheit an ist sie von einer leidenschaftlichen Gottesliebe geprägt, einer Liebe, die es ihr ermöglicht, ihren Weg von oben nach unten zu gehen: als Königstochter geboren stirbt sie mit 24 Jahren völlig aufgezehrt vom Dienst an den Armen und Kranken als Pflegerin im Spital.

Ihr kurzes Leben ist schnell erzählt: 1207 wird sie als Tochter König Andreas II. von Ungarn geboren. Schon als Vierjährige kommt sie mit einer reichen Mitgift ausgestattet an den Hof des thüringischen Landgrafen, wo sie mit dessen Sohn Hermann verheiratet werden soll. Da dieser aber schon bald (1216) stirbt, wird sie 14-jährig 1221 mit dessen Bruder Ludwig vermählt, mit dem sie eine kurze, sehr glückliche Ehe erlebt. Als Ludwig auf dem Kreuzzug 1227 in Süditalien an einem Fieber stirbt, ist Elisabeth vor lauter Schmerz von Sinnen. Außerdem ist sie ohne ihren Ehemann schutzlos, sodass ihr Schwager Heinrich Raspe ihr nun die Verschwendung der Güter an die Armen verbieten kann. Elisabeth, die eine solche Einschränkung ihrer Freiheit nicht hinnehmen kann, verlässt die Wartburg, trennt sich von ihren drei Kindern, wird Terziarin des hl. Franz von Assisi und pflegt im dritten von ihr gegründeten Siechenhaus in Marburg Kranke und Leidende. Dabei verausgabt sie sich so sehr, dass sie, erst 24-jährig, am 17. November 1231 an einer Infektion stirbt. Wenn die Verehrung Elisabeths bereits gleich nach ihrem Tod einsetzt und sie schon 1235 von Papst Gregor IX. heilig gesprochen wird, ist dies ein erstes Indiz für die große Bedeutung dieser ungewöhnlichen Frau, die über ihre Zeit hinaus Menschen in ihren Bann ziehen kann.

Was ist das Faszinierende an Elisabeth? Für mich ist es zuallererst ihre Radikalität, mit der sie sich auf das Leben in seiner beziehungsreichen Dimension eingelassen hat. Dabei kann man gerade bei ihr eine tiefe Gottverbundenheit und eine leidenschaftliche Hin- und Zuwendung zum Menschen nicht trennen. Elisabeth ist eine authentische Zeugin der Verbindung von Gottes- und Nächstenliebe. Wie sie ihren Mann Ludwig mit Haut und Haaren liebt, wie sie sich entgegen der höfischen Sitte bei Tisch an seine Seite setzt und ihn z.B. bei einer Heimkehr stürmisch begrüßt, herzlich umarmt und küsst, gibt sie sich auch ganz und gar ihrem Gott hin. Für sie existiert eine Trennung von religiöser und profaner Welt nicht. Gott begegnet ihr in allen und allem. Von Kindheit auf erfährt sie die menschlich nicht zu fassende Gottesliebe so stark, dass sie sich vor diesem erhabenen Gott nur niederwerfen und ihr Antlitz tief zu Boden neigen kann. Diese sie ergreifende Gottesliebe macht sie wahrhaft demütig, eine Demut allerdings, die Elisabeth nicht klein macht, sondern aus der sie die Freiheit und den Mut gewinnt, Gott und den Menschen ganz und gar zu dienen. Mögen uns ihre Frömmigkeits- und Bußübungen heute auch fremd erscheinen – Elisabeth versagte sich schon als Kind jeden Tag etwas, um Gott zuliebe ihren Willen zu bändigen, und später züchtigte sie sich auch körperlich –, üben die Freiheit und das Selbst-bewusstsein dieser Frau, die aus dieser Gottesbeziehung erwachsen, gerade auf uns Heutige eine große Anziehungskraft aus.

Wozu Elisabeth aus dieser leidenschaftlichen Gottesliebe heraus fähig war, zeigt sich zunächst schon am Hof des thüringischen Landgrafen, an dem sie Widerstand gegen so manche höfische Ausschweifung leistete. So weigerte sie sich, Speisen und Getränke zu sich zu nehmen, die den Armen durch unrechtmäßige Steuern abgezwungen wurden. Mit solch einem Verhalten aber provoziert Elisabeth die gesamte gräfische Familie mit Ausnahme ihres Mannes. Ohne es seiner Frau gleich zu tun, duldet Ludwig es, dass sie sich von ihren Freundinnen mit „Du" ansprechen lässt, dass sie die herrschaftlichen Getreidespeicher öffnet und ihren Schmuck versetzt, um den Armen in einer Hungersnot zu helfen. Von daher ist die Legende von der Verwandlung von Brot in Rosen wohl auch nicht auf Ludwig zu beziehen, sondern auf die übrige Verwandtschaft, die Anstoß an Elisabeths Liebe zu den Armen nahm.

Wie radikal Elisabeths Verständnis der Christusnachfolge war, veranschaulicht eine andere Legende, nach der Elisabeth einen

Aussätzigen, nachdem sie ihn gepflegt und gewaschen hatte, ins Ehebett legte. Als dies dem Landgrafen gemeldet wurde, eilte er, um sich von dieser Ungeheuerlichkeit zu überzeugen, ans Bett. Doch als er die Decke zurückschlug, erblickte er statt des erwarteten Aussätzigen die Gestalt des Gekreuzigten. Wenn Ludwig danach zu Elisabeth gesagt haben soll, dass seine Frau ihm gern solche Gäste ins Bett legen könne, ist dies wohl ein Ausdruck dafür, dass Elisabeth ihrer Ehe durch diese gelebte Christusnachfolge eine tiefere Dimension geben wollte.

Bemüht Elisabeth sich also schon zu Lebzeiten Ludwigs Zeichen der Gerechtigkeit und Barmherzigkeit gegen die ungerechten Strukturen der höfischen Gesellschaft zu setzen, wird sie nach dem Tod ihres Gatten immer kompromissloser und wächst umso tiefer in die Christusnachfolge hinein. Als ihr Schwager nicht mehr zulässt, dass sie sich für die Armen einsetzt, verlässt sie die Wartburg, trennt sich von ihren Kindern und widmet fortan ihr Leben den Armen, Kranken und Sterbenden. Durch eine Vision bestärkt verzichtet sie auf all ihre Privilegien, auf alles, was ihr lieb und teuer ist, und legt am Karfreitag 1228 die klösterlichen Gelübde ab. Nur ihrem gestrengen Beichtvater Konrad von Marburg ist es zu verdanken, dass sie ihr Erbteil bekommt und damit ein Hospital in Marburg errichten kann. Wenn die Kapelle dieses Hospitals als erste nördlich der Alpen dem hl. Franziskus von Assisi geweiht wird, ist auch dies ein Zeichen für die große Nähe dieser beiden Heiligen. Wie der hl. Franz ist Elisabeth von übergroßer Liebe zum armen Christus beseelt. Wie er protestiert sie auf ihre Weise gegen die Unbarmherzigkeit und Ungerechtigkeit dieser Welt und wendet sich gerade den Kranken zu, die am widerlichsten aussehen. Wie er sieht sie in den Verachteten und Ausgegrenzten Christus und lebt leibhaftig das Wort des Evangelisten Matthäus: „Was ihr dem Geringsten meiner Brüder getan habt, das habt ihr mir getan." (Mt 25,40)

Dabei verlässt Elisabeth bei all der Schwere ihres Engagements auch die ihr ebenso wie dem hl. Franz eigene Fröhlichkeit nicht, so dass ihre Magd berichtet, dass sie selbst auf ihrem Sterbebett noch gesungen habe.

Halte ich mir all diese Wesenszüge der Heiligen vor Augen, geht für mich von dieser Frau eine ungewöhnliche Kraft aus. Elisabeth ist eine Frau, die die ganze Bandbreite menschlicher Empfindungen durchlebt und durchlitten und darin zutiefst ihren Gott erfahren hat. Sie hat seine Stimme in ihrem Leben vernommen, hat aus seiner Nähe und Zuwendung gelebt, hat sich seine leidenschaftliche Sehnsucht nach uns Menschen zu eigen gemacht, sodass sie sich von allen Zwängen befreien und sich ganz den Menschen und Gott hingeben konnte. Damit aber ist sie bis heute ein leuchtendes Zeichen befreiender Demut und überströmender Liebe.

Baustein 1: Annäherung an das Leben der Heiligen durch Bilder und Gegenstände

Die Gesprächsleiterin hat verschiedene Bilder und Gegenstände, die einen Bezug zum Leben der Heiligen haben, in die Mitte des Stuhlkreises gelegt. Mögliche Zeichen sind: Königskrone, Schmuck, Verbandszeug, ein Kreuz oder eine Darstellung vom Gekreuzigten, Ehering, Rose(n), Geldstücke, die Bibel, eine Waage, ein Bild vom hl. Franziskus.

Die TN werden unter folgender Fragestellung eingeladen, sich dem Leben der Heiligen Elisabeth anzunähern:

> „Wenn Sie auf die Bilder und Gegenstände in der Mitte schauen, welches Bild/welcher Gegenstand sagt Ihnen etwas zum Leben der Heiligen? Welches Bild/welchen Gegenstand können Sie nicht mit dem Leben der Heiligen in Beziehung setzen?"

Anhand der von TN genannten Assoziationen werden im Gespräch die wesentlichen Entwicklungen im Leben der Heiligen erarbeitet.

Baustein 2: Das Leben der hl. Elisabeth im Spiegel von Phil 2,1–11

In dieser Perikope, in die der Apostel Paulus das älteste Christuslied der Urkirche, den Philipperhymnus, einfügt, fordert Paulus die Gemeinde von Philippi auf, sich zugunsten des anderen klein zu machen, ihm zu dienen. Der Apostel ist der festen Überzeugung, dass ein gelingendes Zusammenleben auf der Haltung der Demut basiert: Keine/r stellt sich über den/die andere/n, sondern achtet immer zugleich auf dessen/deren Wohl. Paulus leitet diesen Anspruch von der Entäußerung Jesu ab, der seinen göttlichen Allmachtsstatus aufgegeben hat, um als Mensch die Menschen zu erlösen. Dabei haftet der Demut etwas Paradoxes an. Nur wer es versteht, sich klein und niedrig zu machen, kann letztlich groß werden.

Die TN werden eingeladen – je nach Gruppengröße zunächst in der KG und dann im Plenum –, folgenden Fragen anhand des Schrifttextes nachzugehen:

- Inwiefern ist Ihrer Meinung nach die hl. Elisabeth in ihrem Leben der Aufforderung des Apostels Paulus in diesen Zeilen des Philipperbriefes gefolgt?
- Was bewegt Sie im Hinblick auf Ihr eigenes Leben beim Lesen dieser Zeilen?

Baustein 3:
Meditative Übung „Orientierung an Elisabeth heißt für mich …"

In der Mitte des Stuhlkreises liegt ein Plakatkarton mit der Aufschrift: „Orientierung an Elisabeth heißt für mich …". Die TN werden eingeladen, bei meditativer Musik einige Stichpunkte auf dem Plakat zu notieren. Damit dies in ruhiger, meditativer Atmosphäre geschehen kann, liegt für diese Übung nur ein Stift in der Mitte. Im Anschluss an die Übung liest die Gesprächsleiterin noch einmal alle gefundenen „Orientierungen" vor.

Baustein 4:
„Wenn das Brot, das wir teilen …" (GL Nr. 889)

Dieses Lied, das in der ehemaligen DDR zum Fest der hl. Elisabeth entstanden ist, kann in unterschiedlicher Weise Anwendung finden. Zum einen kann es z.B. zum Abschluss gemeinsam gesungen werden. Dabei ist es möglich, nach jeder Strophe innezuhalten und eine Fürbitte zu formulieren. Zum anderen kann das Lied auch eingesetzt werden, um nachzuspüren, inwieweit die hl. Elisabeth die hier angesprochenen Aspekte in ihrem Leben verwirklicht hat.

(Ne)

Studientag:
Elisabeth von Thüringen im Wasseralfinger Frauenaltar Ideen für einen Studientag

Im Frauenaltar in Wasseralfingen hat der Künstler Sieger Köder besondere Frauen des Glaubens auf besondere Weise portraitiert. Im Zentrum steht eine Marienfigur aus dem Mittelalter. Daneben stellt Sieger Köder die beiden Urmütter des Glaubens Eva und Sara. Auf den ausklappbaren Flügeln finden wir auf der Außenseiten vier Ahnfrauen Jesu: Tamar, Rahab, Rut und Batseba.

Erst wenn die Altarflügel geöffnet werden, treten die Frauengestalten aus nachbiblischer Zeit in unseren Blick: Elisabeth von Thüringen, Jeanne d'Arc, Edith Stein und Mutter Teresa. Dieser Frauenaltar bietet eine Fülle von Anregungen für die biblische und geschichtliche Arbeit in Gruppen.

Das Bild der Elisabeth

Elisabeth wird in einem großen und weiten (leuchtend roten) Gewand dargestellt, als Zeichen ihrer Liebe zu den Armen. Sie trägt auf dem Kopf einen durchsichtigen Schleier (schwarz) als Zeichen ihres adeligen Standes. Im oberen Bildteil (komplett bis zum Körper gold) wird sie gehalten von der Hand Gottes mit ihrem Namen: Er hat sie in seine Hand geschrieben.

In ihrem Schoß hält sie eine große Schale, gefüllt mit Brot und Rosen (verschiedene Rot- und Brauntöne). Sie erinnert an die Legende vom Brotwunder. Im unteren Bildteil sehen wir zwei BettlerInnen (rechts im grünen Gewand, links im violetten Gewand), die sehnsuchtsvoll ihre Hände (hell- bis dunkelbraun) nach dem Brot – und nach Elisabeth – ausstrecken. Elisabeth ihrerseits hält ihnen die Hände entgegen. BetrachterInnen des Bildes werden unweigerlich mit in den Blickwinkel von unten nach oben gezogen. Es scheint, als wenn auch sie zu den Armen gehören, die zu Elisabeth aufschauen.

Das Bild und seine Beschreibung sind im Internet als Leseprobe unter „Wasseralfinger Frauenaltar" anzuschauen (Google).

(Quelle: Kathrin Buchhorn-Maurer, Schwestern, Mütter und Prophetinnen, Der Frauenaltar von Sieger Köder, Schwabenverlag, 2004,)

© Sieger Köder, Elisabeth. Frauenaltar von Wasseralfingen

Ablauf des Studientages

- Beginnen Sie eine erste Runde, in der die TeilnehmerInnen ihren Namen nennen mit der Frage: Was weiß ich von Elisabeth von Thüringen? Ich wähle etwas aus und teile es in einem Satz mit. Sie können zum Abschluss das Lied zu Elisabeth singen (GL 889).
- Anschließend erzählen Sie das Leben der Heiligen, wie es in der Einführung dieses Abschnittes steht. Weitere geeignete Informationen über das Leben der Heiligen finden Sie unter www.bistum-erfurt.de.
- In Kleingruppen werden dann die zentralen Merkmale der Heiligen erarbeitet. Teilen Sie dazu Papier und dicke Stifte aus und bitten Sie die Gruppen, das was sie im Leben der Heiligen besonders beeindruckt hat in markanten Stichworten festzuhalten.
- Wenn die Gruppen ins Plenum zurückkommen liegt in der Mitte eine große Schwarzweiß-Kopie des Bildes aus dem Frauenaltar. Bitten Sie die Kleingruppen, ihre Ergebnisse zu benennen und rund um das Bild zu legen.
- Nach einer Pause teilen Sie bitte kleine Schwarzweiß-Kopien aus und führen Sie kurz in den Wasseralfinger Altar ein (siehe oben). Teilen sie Buntstifte aus und bitten Sie darum, das Bild auf sich wirken zu lassen und zu kolorieren. Sie können auch die Möglichkeit eröffnen, Dinge hinzuzumalen. Mutige dürfen auch ein eigenes Elisabeth-Bild entwerfen. Lassen Sie dazu genügend Zeit und spielen Sie dazu meditative Musik.
- In einem nächsten Schritt hängen Sie die Bilder auf und machen Sie einen Rundgang mit den TeilnehmerInnen. Leitfragen dazu können sein: Was ist im Bild hervorgehoben? Was sagen die einzelnen Farben aus? Was möchte die Künstlerin damit aussagen? Wie wirkt es auf verschiedene Betrachterinnen? Zum Abschluss der Runde stellen Sie Vermutungen an, welche Farben Sieger Köder für dieses Bild gewählt hat. Sie sind in Klammern im obigen Text enthalten. Bereiten Sie vorher ein Bild mit der entsprechenden Kolorierung vor und zeigen Sie es der Gruppe. Tauschen Sie sich über die Wirkung aus.
- Zum Abschluss des Studientages können Sie den Gottesdienst feiern, der diesem Abschnitt folgt. Sie können aus diesem Got-

tesdienst auch einzelne Teile für einen eigenen Abschluss zusammenstellen: z. B. Lied, Tagesgebet, Evangelium (mit kurzem Austausch), Abschlusslied.

(CS)

Eucharistiefeier: *Die hl. Elisabeth – Eine Radikale der Liebe*

Eröffnung GL 871 „Liebe ist nicht nur ein Wort ..."

Hinführung

„Liebe ist nicht nur ein Wort, Liebe, das sind Worte und Taten" – besser als mit dieser Liedzeile, die wir gerade gesungen haben, kann man das Leben der Heiligen Elisabeth nicht einfangen. Schauen wir auf ihr Leben und die vielen Legenden, die sich um diese Heilige ranken (Wer kennt nicht das Bild von den Rosen im Korb?), begegnet uns eine Radikale der Liebe. Weil sie ihr Leben zutiefst in Jesus Christus verwurzelt hat, wurde sie fähig, die Menschen, die Armen und Ausgegrenzten, die Elenden und Kranken, von der Wurzel (radix) her, radikal zu lieben. Weder höfische Sitte noch auferlegte Regeln, nichts hielt sie von ihrer Liebe zu Gott und den Menschen ab. So hat sie wie wohl keine andere Heilige im 13. Jhd. der Solidarität und dem Mitgefühl einen Weg gebahnt.

Wie Elisabeth möchten auch wir uns in der Liebe Jesu Christi verwurzeln. Deshalb bitten wir zu Beginn dieser Feier um seine Zuwendung und sein Erbarmen:

Kyrie GL 850

- Herr Jesus Christus, als Zeichen für Gottes unendliche Liebe bist du Mensch geworden.
- Du hast die Kranken geheilt und die Armen satt gemacht.
- Du hast die hl. Elisabeth in deine Nachfolge gerufen und uns in ihr einen Menschen geschenkt, der uns zum solidarischen Handeln ermutigt.

Tagesgebet

Unfasslich liebender Gott, du hast uns in der hl. Elisabeth eine

Frau geschenkt, die sich von der Flamme deiner Liebe hat anstekken lassen. Sie hat dich und die Menschen leidenschaftlich geliebt, sodass sie ihr Leben den Armen, Kranken und Sterbenden widmen und sich von allen Zwängen ihres Standes befreien konnte. Kompromisslos ist sie den Spuren Christi gefolgt, hat gegen ungerechte Strukturen Widerstand geleistet und sich für Gerechtigkeit und Barmherzigkeit aufgezehrt.

Auf ihre Fürsprache hin öffne unser Herz für die Nöte und Ängste der Bedrängten unter uns. Darum bitten wir dich durch Jesus Christus im Hl. Geist. Amen.

Lesung Phil 2, 5 – 11

Antwortgesang

„Einer hat uns angesteckt mit der Flamme der Liebe“ (in: Gestern und Heute ... in Seiner Liebe geborgen. Lieder und Gebete 1200 Jahre Bistum Münster Nr. 173)

Evangelium Mt 25, 31 – 40

Fürbitten

Barmherziger Gott, in der hl. Elisabeth begegnet uns ein Mensch, der ganz aus der Gesinnung deines Sohnes Jesus Christus gelebt hat. Auf ihre Fürsprache hin bitten wir dich:

- für alle, die Hunger und Durst leiden, die ausgebeutet und unterdrückt werden, die ein Dasein im Schatten führen
  erbarme dich ihrer
- für alle, die einsam und trostlos sind, die sich von allen im Stich gelassen fühlen
  erbarme dich ihrer
- für alle, die an Leib und Seele leiden und sich nach Heilung sehnen
  erbarme dich ihrer
- für alle, die im Sterben liegen und mit dem Tode ringen
  erbarme dich ihrer
- für alle, die offene Augen, Ohren und Herzen für ihre Mitmenschen haben und sich ihnen liebevoll zuwenden
  erbarme dich ihrer

- für alle, die Kranke und Alte pflegen und ihnen in ihren Nöten beistehen
  erbarme dich ihrer
- für alle, die sich mit Mut und Fantasie für mehr Gerechtigkeit einsetzen und sich nach deinem Reich sehnen
  erbarme dich ihrer
- für uns, die wir hier versammelt sind und uns wie Elisabeth von deiner überströmenden Liebe ergreifen lassen wollen
  erbarme dich unser

Du unser Gott, du bist für uns da. Lass uns es dir gleichtun und lass uns wie die hl. Elisabeth dasein für andere. Darum bitten wir dich jetzt und allezeit. Amen.

Gabenprozession GL 860 „Siehe wir kommen ..."

Hinführung

Wofür die hl. Elisabeth im christlichen Leben steht, zeigen jetzt einige Gaben, die zum Altar gebracht werden.

Liedvers „Siehe wir kommen ..."

1. Ich bringe eine Königskrone, Zeichen für Elisabeths königliche Abstammung, aber noch mehr Zeichen ihrer Berufung durch Jesus Christus. Durch die Taufe hat Elisabeth Anteil bekommen am Königsamt Jesu Christi, eine Würde, die Elisabeth wichtiger war als Macht und Ansehen in dieser Welt.

Liedvers „Siehe wir kommen ..."

2. Ich bringe Rosen in Erinnerung an die Legende von der Verwandlung des Brotes für die Armen in Rosen, um bei der Armenspeisung nicht „ertappt" zu werden. Die Rosen sprechen von Elisabeths Mut zum Dienen und von ihrer maßlosen Liebe.

Liedvers „Siehe wir kommen ..."

3. Ich bringe ein Kreuz, Zeichen für Elisabeths leidenschaftliche Liebe zum gekreuzigten Christus, aus der sie die Kraft schöpfte für ein Leben voller Hingabe.

Liedvers „Siehe wir kommen ..."

4. Ich bringe eine Waage, Sinnbild für Gerechtigkeit, für die Elisabeth gekämpft hat, indem sie sich den ungerechten Strukturen ihrer Zeit widersetzte.

Liedvers „Siehe wir kommen ..."

5. Ich bringe das Brot, Zeichen für die Gemeinschaft mit Jesus Christus und untereinander, die existenzielle Mitte, aus der Elisabeth gelebt hat.

Liedvers „Siehe wir kommen ...“

6. Ich bringe den Wein, Zeichen tiefer Freude und echter Fröhlichkeit, die Elisabeths Glauben charakterisiert haben.

Liedvers „Siehe wir kommen ...“

Gabengebet

Lebendiger Gott, mit unseren Gaben, mit Brot und Wein, nimm auch uns an und mache uns zu Menschen, die auf den Spuren der hl. Elisabeth gehen und sich vom Geist deiner überströmenden Liebe anstecken lassen.

Darum bitten wir dich durch Jesus Christus jetzt und in Ewigkeit. Amen.

Präfation

Wir danken dir, Gott, immer und überall in dieser Stunde durch Jesus Christus, unseren Herrn. Um seinetwillen preisen wir dich, unfasslich liebender Gott. Er, der dir gleich ist, entäußerte sich und wurde wie ein Sklave. Er erniedrigte sich und schenkte sein Leben hin für uns Menschen.
Und so preisen wir dich, Gott,
für ihn und für alle Menschen,
die seiner Spur gefolgt sind.
Wir preisen dich für die hl. Elisabeth
und alle Radikalen der Liebe,
die deine frohe Botschaft verstanden und gelebt haben.
Mit ihnen allen singen wir zu deinem Lob:

Sanctus GL 257, 3. Str. „Heilig, Herr Gott Zebaot“

Vater unser gemeinsames Gebet

Friedensgruß

Wenn wir uns vom Frieden Christi erfüllen lassen, wird Gottes Geist in uns und durch uns lebendig. Wie die hl. Elisabeth können wir durch unser Leben zu glaubwürdigen Zeugen des Gottesreiches werden. So kehre der Frieden Jesu Christi in Eure Herzen ein und sei allezeit mit Euch!

Gebt einander ein Zeichen des Friedens und der Versöhnung!

Agnus Dei GL 889 „Wenn das Brot, das wir teilen ..."

Nach der Kommunion GL 474, 5. Str. „Dankt unserm Gott ..."

Schlussgebet

Guter Gott, wir danken dir für diese Feier, in der wir an die hl. Elisabeth erinnert haben. Durch ihre Hingabe an dich und die Menschen, ihre befreiende Demut und ihr leidenschaftliches Engagement für Gerechtigkeit ist sie uns zum Vorbild geworden. Wie sie möchten auch wir aus der Liebe zu dir unser Leben gestalten und den Menschen dienen. Dazu brauchen wir deinen Geist, um den wir dich bitten durch Jesus Christus, unseren Bruder und Herrn. Amen.

Schlusslied GL 881 „Lass uns in deinem Namen, Herr ..." (Str. 1 – 4)

Segensgebet

Gottes reicher Segen komme über Euch und öffne Eure Herzen, damit Ihr in die Fußstapfen der hl. Elisabeth treten könnt und den ersten Schritt zu einem Leben radikaler Liebe wagt. Dazu segne Euch der Vater ....

Auszug Orgelspiel

(Ne)

Die selige Anna Katharina Emmerick: Beginnen, wo Verstehen endet

Beginnen, wo Verstehen endet – mit diesem Leitwort machte das Bistum Münster auf die Seligsprechung Anna Katharina Emmericks (1774–1824), die am 3. Oktober 2004 durch Papst Johannes Paul II. erfolgt ist, aufmerksam.

Beginnen, wo Verstehen endet – dieses Motto hat mich gelockt; es hat mich herausgefordert, mich mit der Mystikerin aus dem Münsterland zu beschäftigen, einer Frau, deren Leben und Frömmigkeit mir zunächst alles andere als verständlich erschien. Ihre Wundmale, ihre Visionen, die in der Volksfrömmigkeit ihr zugewachsenen Kennzeichnungen als Dulderin von Dülmen oder als Leidensbraut waren mir mehr als fremd. Gleichzeitig fragte ich mich: Was war das für eine Frau, die unzählige Menschen ihrer Zeit, Bedeutende und Unbedeutende, so angezogen hat? Welche Ausstrahlung muss sie gehabt haben, dass sich Menschen von nah und fern zu ihr, der kranken Nonne in Dülmen, auf den Weg gemacht haben?

Und so habe ich begonnen, mich mit Anna-Katharina Emmerick, ihrem Leben und Leiden, ihren Haltungen und Hoffnungen auseinanderzusetzen. Dabei ist mir eine faszinierende Frau begegnet, eine Frau, die mich schon deswegen nicht loslässt, weil ihr Leben mich vor das Geheimnis Gottes führt. Wenngleich ich sie in all ihren Dimensionen wohl nie zu fassen vermag, bringt sie mich mit Gott in Berührung, fordert mich heraus, meinen eigenen Standort im Glauben zu bestimmen.

Was ist es, was mir am Leben Anna Katharina Emmericks zum Anstoß im Glauben geworden ist?

Bemerkenswert finde ich zunächst, wie sie ihren eigenen Weg gesucht und wie hartnäckig sie ihrer ureigenen Berufung gefolgt ist. Als Kind einer abhängigen Köttersfamilie, aufgewachsen unter ärmlichsten Bedingungen, in der nur harte Arbeit die Existenz zu sichern vermochte, konnte sie nur vier Monate eine Schule besuchen. Dennoch nutzt sie jede freie Minute, d. h. vor allem abends und nachts und an den Sonn- und Feiertagen, um zu lesen. Wo immer es möglich ist, taucht sie ein in eine geistliche Welt. Und so bildet sie nicht nur ihre religiöse Sensibilität aus. In ihr erwacht auch der Wunsch, Nonne zu werden, ein nach menschlichen Maßstäben unerfüllbarer Wunsch, konnten Kötter damals doch nicht die von den Orden verlangte Mitgift aufbringen. Anna Katharina hält dennoch an ihrem Ziel fest; eigenständig, ja bisweilen eigenwillig bleibt sie am Ball. Sie verzichtet auf eine für sie vorteilhafte Partie, nimmt kaum vorstellbare Belastungen auf sich, trotzt allen Widerständen, kurzum: sie sprengt den Rahmen ihrer engen Lebensbedingungen und so gelingt es ihr, mit 28 Jahren Aufnahme bei den Augustinnerinnen in Dülmen zu finden.

Schon hier begegnet uns also eine Frau, die über das Bild der stillen Dulderin hinausweist. Sie gestaltet trotz widriger Umstände ihr Leben und gibt ihrer Berufung eine ganz eigene Handschrift. Und so bleibt es ihr ganzes Leben lang: Im Kloster, als sie dem Gespött der Mitschwestern ausgesetzt ist, weil sie sich ein intensiveres Klosterleben mit mehr Betrachtung und Gebet wünscht und auch später nach Aufhebung des Klosters, als sie in der Stadt unterkommt, ihre Stigmata bekannt werden und ihre vielen Krankheiten sie schließlich ganz ans Bett fesseln. Anna Katharina bleibt in ihrer Glaubens- und Lebensgestaltung souverän, ja sie wächst immer tiefer in das Lebens- und Liebesgeheimnis Gottes hinein, sodass sie auf die Menschen ihrer Zeit eine enorme Anziehungskraft ausübt. Sie kommen zu ihr, weil sie bei ihr Trost und Orientierung suchen. Und Anna Katharina Emmerick, die einfache Frau aus dem Volk, vermag alle, die sog. kleinen Leute und die Bildungselite ihrer Zeit, mit dem liebenden Gott in Berührung zu bringen. Dabei ist ihr Glaube alles andere als schwärmerisch und schon lange keine Flucht vor der für große Teile der Bevölkerung harten Realität: Trotz ihrer quälenden Schmerzen näht sie noch auf dem Krankenbett für die Ärmsten der Armen, und den vielen Ratsuchenden gibt sie immer wieder ganz handfeste Tipps.

Wenn Anna Katharina in einer Zeit voller Umbrüche, voller Desorientierung und Unruhe für viele Menschen zu einem Ruhepol werden konnte, so wohl deshalb, weil sie ihr Leben abgrundtief in Gott festmachte. Was – wie es beim Evangelisten Matthäus heißt – den Klugen und Weisen verborgen war (Mt 11, 25), ihr wurde es durch eine religiöse Krise hindurch, die sie in ihrer Jugend durchlitt, offenbar: Im leidenden Christus gibt sich Gott selbst hin, um uns

Das Zimmer der Anna Katharina Emmerick nach der Auflösung des Klosters in der Wohnung des Abbé Lambert – heute in der Gedenkstätte in Dülmen.

Abb. aus: Günter Scholz, Anna Katharina Emmerick. Kötterstochter und Mystikerin. Verlag Aschendorff Münster, 4. Aufl. 2005, S. 81. ISBN-10: 3-402-05467-1 ISBN-13: 978-3-402-05467-3

Menschen das Leben in Fülle zu schenken. Und so verbindet Anna Katharina ihr Leben mit dem Kreuz Christi so sehr, dass sich schließlich sogar sein Leiden und seine Schmerzen als Wundmale an ihrem Körper ausprägen. Und endet auch hier unser Verstehen, sprengt solch eine Leidens- und Liebesfähigkeit all unsere Erkenntnis, beginnen wir doch zu ahnen, dass aus dieser tiefen Gottesbeziehung Anna Katharinas Ausstrahlungskraft erwächst. Diese unser Fassungsvermögen übersteigende Verbundenheit mit dem leidenden Christus macht sie fähig zu einer unerhörten Solidarität mit den Menschen: Anna Katharina empfindet zutiefst mit den Leidenden mit, sie teilt all ihre Not, nimmt diese mit hinein in ihre Gottesbeziehung. Anna Katharina bezeugt damit aber, dass es möglich ist, an Krankheit und Leid nicht zu zerbrechen, sondern diese anzunehmen und sogar daran zu wachsen. Sie hat in der Nacht ihres eigenen und fremden Leids Gott gefunden und aus dieser Beziehung Kraft und Hoffnung geschöpft. Sie hat wider alle Vernunft erfasst, dass Gott im Leid uns näher ist als wir uns selbst. Er geht mit uns, leidet mit uns und eröffnet uns durch alle durchkreuzten Pläne und Hoffnungen hindurch immer wieder eine neue Zukunft. Das ist die Botschaft des Kreuzes, die rätselhaft bleibt, eine Botschaft, die auch Anna Katharina nicht verstanden hat, auf die sie sich aber radikal, bis an die Wurzeln ihrer Existenz eingelassen hat.

Und so lädt sie uns Heutige ein, uns immer wieder Jesu Kreuz zu nähern, das Geheimnis Seiner Hingabe und Liebe zu meditieren und mit ihm neu zu beginnen, auch da, wo unser Verstehen endet.

Meditativer Wortgottesdienst: *Im Leiden und Mitleiden sich mit Christus verbinden*

Eröffnung GL 291: „Wer unterm Schutz des Höchsten steht …“ (1.+3. Str.)

Hinführung

Gott zu trauen in der Not – wie wir gerade gesungen haben –, das fällt uns nicht leicht. Eher neigen wir dazu, alles Unangenehme und Schwere, alle Not und alles Leid in unserem Leben und in dieser Welt zu verdrängen. Wir bekennen uns zwar zum Kreuz Jesu Christi und damit zu den vielen Kreuzen in unserer Welt; gleichzeitig möchten wir die vielen Kreuze allzu gern aus unserem Leben verbannen.

Dass Menschen ihre Beziehung zu Christus vertiefen können, indem sie ihr Leiden, ihre Schmerzen und Krankheiten annehmen, dafür steht Anna Katharina Emmerick. Ist es für uns Heutige auch unbegreiflich, dass sie sich so sehr mit dem leidenden Christus verbunden hat, dass sich schließlich an ihrem Körper die Wundmale Christi ausprägten, wird ihr Lebens- und Glaubenszeugnis in unserer sog. leidfreien Gesellschaft zu einer echten Alternative. Gerade indem sie sich ganz tief in das Kreuz Christi verwurzelt, an seiner liebenden Hingabe teilnimmt, entwickelt sie eine hohe Sensibilität für die unermesslichen Leiden ihrer Zeit. In diesem Leiden und Mitleiden erfährt sie sodann etwas, was allen Schmerz übersteigt: die grenzenlose Liebe Gottes, von der sie sich und alle Menschen angenommen weiß.

Auch wir sehnen uns nach dieser grenzenlosen Liebe Gottes. Durch sie können wir das Schwere in unserem Leben annehmen und unsere Perspektiven verwandeln. Bitten wir Gott um diese Grenzerweiterung.

Kyrie GL Nr. 848 „Meine engen Grenzen“
(alle 4 Strophen)

Gebet

Unfasslicher Gott,
in dem Menschen Anna Katharina Emmerick hast Du uns vor Augen geführt, dass der Leib Jesu Christi, deine Kirche, auch von den vielen Menschen lebt, die ihre Gebrechlichkeiten und Krankheiten, ihre Leiden und Lasten annehmen und mit der liebenden Hingabe deines Sohnes verbinden. Zugleich begegnen wir in Anna Katharina Emmerick einer Frau, die voller Mitgefühl und Mitleid für die Bedrängten ihrer Zeit war. Ihre eigenen Schmerzen und Qualen wie das Leid dieser Welt hat sie im Gebet Dir hingehalten; sie wusste alles in Deinen guten Händen.

Schenke uns diesen vertrauensvollen Geist einer Anna Katharina, damit wir fähig werden, eigenes und fremdes Leid anzunehmen. Gib uns den Geist der Unterscheidung, damit wir unnötiges Leid überwinden und uns im zu tragenden Leid von Dir gehalten wissen. Verbinde du uns durch Deinen Hl. Geist immer tiefer mit dem Kreuz Jesu Christi, um Dich in diesem und in den vielen Kreuzen dieser Welt zu erkennen. Darum bitten wir Dich jetzt und allezeit. Amen.

Lesung 2 Kor 1,3–7

Einladung zur Betrachtung des Kreuzes

Anna Katharina Emmerick hat immer wieder oft stundenlang vor dem Kreuz gebetet. Dabei hat sie in ihrer eigenen Art, das Kreuz ganz leibhaftig wahrgenommen; ganz real in Bildern hat sie erfahren, dass unser Gott wirklich mitleidet, und zwar bis in die tiefsten Dunkelheiten menschlicher Existenz. Wie der Apostel Paulus erhält auch sie in ihren Meditationen die Gewissheit: Wer sich mit Christus im Leiden verbindet, dem wird Trost zuteil, dessen Hoffnung auf Christus ist unerschütterlich.

Im festen Vertrauen, dass unser Gott ein mitleidender Gott ist, ein Gott, der gerade an den Tiefpunkten unseres Lebens uns nahe ist, halten wir ihm alles hin, was uns persönlich bewegt und bedrückt. Zugleich tragen wir mit unseren persönlichen Anliegen all das Leid dieser Welt vor Gott: Das Elend und den Hunger von Millionen von Menschen, den Zweifel und die Trostlosigkeit Unzähliger, die kleinen und großen Kreuze im Leben von Menschen.

Möge uns aus der Betrachtung des leidenden Christus die Kraft erwachsen, mitzufühlen und mitzuleiden. Mögen wir am Leid dieser Welt nicht irre werden, sondern daran glauben, dass Gottes Liebe stärker ist als unsere Begrenztheit und Endlichkeit.

Verbinden wir uns nun in Stille mit dem leidenden Christus (hier: konkrete Einladung an die Teilnehmerinnen, das Kreuz in der Kirche zu betrachten)

Betrachtung des Kreuzes in Stille

Orgelspiel

Gemeinsames Gebet GL 776, Nr. 8 „Im Kreuz ist Heil“

Lied GL Nr. 886 „Wenn wir das Leben teilen“ (1., 3. + 5. Str.)

Einladung zum Gebet

Rufen wir Gott für alle, die in Not und Bedrängnis sind, um seine Hilfe an:

GL 756: Psalm 142 (abwechselnd beten)
GL 622 „Hilf, Herr meines Lebens“

Eine Vision Anna Katharina Emmericks

Wie sehr Anna Katharina sich berufen wusste, sich mit dem Leiden Christi zu verbinden, geht aus einer Vision hervor, die sie 1798, also mit 24 Jahren, gehabt hat:

„Etwa vier Jahre, ehe ich ins Kloster ging, welches am 18. Dezember 1802 geschah, also etwa 1798 in meinem 24. Jahre, war ich einmal um die Mittagszeit in der Jesuitenkirche zu Coesfeld und kniete auf der Orgelbühne vor einem Kruzifix in lebhaftem Gebet. Ich war ganz in Betrachtung versunken, da wurde mir so sachte und so heiß, und ich sah von dem Altare der Kirche her, aus dem Tabernakel, wo das heilige Sakrament stand, meinen himmlischen Bräutigam in Gestalt eines leuchtenden Jünglings vor mich hintreten. Seine Linke hielt einen Blumenkranz, seine Rechte eine Dornenkorne, er bot sie mir zur Wahl dar. Ich griff nach der Dornenkrone, er setzte sie mir auf, und ich drückte sie mir mit beiden Händen auf den Kopf, worauf er verschwand, und ich mit einem heftigen Schmerz rings um das Haupt wieder zur Besinnung kam.“

Orgelspiel

Gebet

Trotz Leiden und Tod
Trotz Armut und Not
glaub ich an den lebendigen Gott
und daran, dass er alles gut macht.
Gerade wegen Leiden und Tod
Gerade wegen Armut und Not
glaub ich an Jesus Christus, seinen Sohn
und daran, dass er alle befreit

In Leiden und Tod
In Armut und Not
glaub ich an den Hl. Geist
und daran, dass er mich in die Welt sendet.

(Anton Rotzetter, Gott, der mich atmen lässt, Herder Verlag, Freiburg i. Br. 16 2001)

Einladung zum Vater unser

Dass Gott wie ein guter Vater für uns sorgt, daraus hat Anna Katharina Emmerick gelebt. Dieser Glaube hat ihr Kraft und Trost gegeben. Und so wollen auch wir miteinander beten:

Vater unser ...

Schlusslied GL Nr. 845 „Bewahre uns Gott ...“ (2.–4.Str.)

Segensgebet
Der unbegreifliche Gott
erfülle uns und alle Menschen mit seiner Kraft,
damit wir an unseren Leiden und den Leiden dieser
Welt nicht zerbrechen, sondern diese verbinden
mit dem Kreuz Christi.
Er wirke in uns und durch uns,
damit wir sensibel füreinander werden
und unser Mitgefühl wachse.
Er stärke uns,
damit wir mit unseren offenen Fragen
leben können, ohne unsere Hoffnung preiszugeben.
Dazu segne uns der barmherzige Gott: der Vater,
der Sohn und der Hl. Geist.
Amen.

(Ne)

Kapitel 3

Eine Erinnerung wecken – Lebenswege im Kirchenjahr

„Wer eine Hoffnung gewinnen will, muss eine Erinnerung wecken!“

(Jörg Zink)

Mit Maria durch den Advent: „Wenn eine zu glauben beginnt ...“

„Wenn einer zu glauben beginnt, wo offene Fragen sind“ – diese Liedzeile eines modernen geistlichen Liedes verdichtet, wofür Maria, die Mutter Jesu steht und wie sie für Christen und Christinnen zu einer Leitfigur im Advent werden kann.

Werfen wir einen Blick auf die biblischen Texte, die von Maria erzählen, wird schnell deutlich, dass sie sich ohne „wenn“ und „aber“ immer wieder auf Gottes Anruf eingelassen hat. Dabei ist ihre Haltung alles andere als selbstverständlich. Dies zeigt schon die Geschichte, die die Verheißung der Geburt Jesu schildert. Da bricht der Engel mitten in den Alltag der jungen Frau ein und verkündet ihr die Geburt eines Sohnes – eine Botschaft, die sicherlich auch bei Maria Verunsicherung und Fragen ausgelöst hat, riskiert die Verlobte doch von Josef verlassen zu werden. All das aber scheint nicht mehr wichtig angesichts der Botschaft des Engels. Maria erkennt darin Gottes Anruf und lässt sich ohne irgendeine Absicherung darauf ein.

Indem Maria Ja sagt zu dem Neuen, Undenkbaren, das da in ihr Leben einbricht, zeigt sie sich ganz als Empfangende. Gerade diese Haltung gilt es für uns, im Alltag neu einzuüben, soll Gott auch heute durch uns Mensch werden. In einer solchen Einstellung zum Leben wird nämlich deutlich, dass wir uns das Heil nicht selber machen, dass wir uns nicht selbst erlösen können. Nicht wir sind es, an denen alles hängt. All unser Machen und Leisten können das Heil nicht bewirken. Maria wurde fruchtbar, weil sie empfangen konnte. Genau darum geht es auch bei uns: fähig zu werden zu empfangen, zu zeigen, dass unser Leben nicht in unseren Händen, sondern in Gottes Hand liegt. Wenn ein Mensch sich als Geschöpf Gottes begreift, wächst in ihm nicht nur das Bewusstsein, dass er auf Gott angewiesen ist, sondern auch auf seine Schöpfung, d.h. auf seine Mit- und Umwelt.

Noch ein weiterer Gedanke aus dieser biblischen Geschichte kann m. E. Christen und Christinnen helfen, die Wochen der Vorbereitung auf Weihnachten bewusst zu gestalten. Wenn der Engel Maria und in ihr auch uns zusagt: „Der Herr ist mit Dir!“ – nicht wie in unserer Liturgie: „Der Herr sei mit Euch!“ –, dann hat diese Zusage für mich eine fundamentale Konsequenz für den Umgangsstil zwischen Menschen. Indem Menschen sich nämlich zunächst wechselseitig versichern, dass der Herr mit ihnen ist, wird dies entscheidende Auswirkungen auf die Gestaltung ihrer Beziehung haben. Menschen mit diesem Bewusstsein begegnen einander mit großem Respekt, sodass die Engelsbotschaft weiter gehen kann.

Welch radikale, an die Wurzel gehende Konsequenzen Marias Orientierung an Gottes Willen hat, zeigt sich sodann in der Begegnung mit Elisabeth und dem aus dieser Begegnung hervorgegangenen Loblied: dem Magnifikat. Schaue ich auf diese Begegnung der beiden Frauen, auf die alte Elisabeth und die junge Maria, so ist diese von Zärtlichkeit und Solidarität gekennzeichnet. Die beiden Frauen teilen einander mit, was sie bewegt, unterstützen und ermutigen sich gegenseitig. Was aber brauchen wir heute mehr als diese hier zum Ausdruck gebrachte Zuwendung und Zuneigung! Gerade unsere Gesellschaft, die vielfach von Anonymität, Individualität und Gleichgültigkeit geprägt ist, benötigt Menschen, die Interesse haben an ihren Mitmenschen, die wahrnehmen, was diese bewegt, und die bereit sind, diejenigen zu stützen und zu tragen, die auf diesen Halt angewiesen sind.

Aus der Erfahrung dieser Begegnung mit ihrer Verwandten kann Maria schließlich auch ihren großen Lobpreis, das Magnifikat, anstimmen, das uns das „Programm des Gottesreiches“ vor Augen führt und uns anschaulich macht, dass der Gott Jesu Christi das Leben aller will. Deshalb besingt dieses Lied die Rettung der Kleinen und Unansehnlichen und scheut sich nicht vom Untergang der Satten und Sorglosen zu erzählen. Wenn die Kirche dieses kämpferische Lied in ihr offizielles Abendgebet für Priester, Ordensfrauen und Mönche aufgenommen hat, weiß sie sich damit den Kleinen und Niedrigen verpflichtet. Und dies gilt natürlich auch für jeden Menschen, der Christus nachfolgen will. Billiger ist das Gottesreich eben nicht zu haben.

Indem Maria auf Gottes Initiative eingegangen ist, sie glaubend auf seinen Anruf reagiert und Gottes befreiendes Handeln verkündet hat, ist sie zum Typus, zum Urbild unserer Hoffnung und Erwartung geworden. Sie ist damit zutiefst selbst eine adventliche

Gestalt. Orientierung an Maria im Advent, das heißt für Christen und Christinnen offen zu werden für Gottes Engel im Alltagskleid, damit Gott auch heute Mensch werden und seine Botschaft von Frieden und Versöhnung, von Heil und Erlösung in dieser Welt Gestalt annehmen kann. Auf diese Weise wird dann auch die oben zitierte Liedzeile wahr, die in ihrer vollen Länge lautet: „Wenn einer zu glauben beginnt, wo offene Fragen sind, da fängt der Friede an."

Symbolmeditation: *Wenn eine zu glauben beginnt ... Mit Maria durch den Advent*

Eröffnung GL 108: „Komm, du Heiland aller Welt" (1.–3. Str.)

Hinführung

„Komm, du Heiland aller Welt" – so haben wir gesungen und damit unsere Sehnsucht nach Heil und Erlösung zum Ausdruck gebracht. Als Christen und Christinnen sind wir zutiefst davon überzeugt, dass Gott unsere unheile Welt heil machen, dass er auch heute unter uns ankommen will. Damit diese Menschwerdung Gottes Wirklichkeit werden kann, braucht Gott Menschen, die seine Stimme in den vielen Stimmen des Alltags hören, Menschen, die sich ihm öffnen und sein befreiendes Handeln verkünden. Maria war solch ein Mensch. Deshalb können wir uns an ihr orientieren. Mit Hilfe einiger biblischer Texte und einiger Symbole wollen wir uns in dieser Meditation eine marianische Haltung erschließen.

Lk 1, 26 – 29

Im sechsten Monat wurde der Engel Gabriel von Gott in eine Stadt in Galiläa namens Nazaret zu einer Jungfrau gesandt. Sie war mit einem Mann namens Josef verlobt, der aus dem Hause David stammte. Der Name der Jungfrau war Maria. Der Engel trat bei ihr ein und sagte: Sei gegrüßt, du Begnadete, der Herr ist mit dir. Sie erschrak über die Anrede und überlegte, was dieser Gruß zu bedeuten habe.

Meditation – Symbol: Klangschale

Gott bricht in das Leben Marias ein. Mitten im Alltag schickt er ihr seinen Engel. Maria vernimmt diesen Anruf. Sie lässt sich ansprechen, hört aufmerksam zu.

(Der/die Meditationsleiter/in nimmt eine Klangschale in die Hand und zeigt sie)

Diese Klangschale will uns einladen, zu hören und aufmerksam zu lauschen. Nehmen wir ihren Klang wahr! (Die Klangschale wird angeschlagen) Vielleicht haben Sie es gerade erfahren: Wenn wir ganz still werden, ist der Ton lange zu hören. Wir nehmen seine Schwingungen auch dann noch wahr, wenn der Ton kaum noch zu hören ist. So ist es manchmal auch mit Gottes Melodie: Sie scheint kaum durchzudringen angesichts der vielen lauten Töne dieser Welt. Dennoch schwingt sie in dieser. Deshalb gilt es, immer wieder still zu werden, zu lauschen, um diese Melodie zu hören.

Üben wir uns in dieses Hören ein, indem wir ein zweites Mal dem Ton der Klangschale folgen!

Wie Maria spricht Gott auch uns heute an. Wie sie erwählt er jeden einzelnen von uns: Der Gruß des Engels gilt uns. Auch unser Name soll voll Gnade sein. Auch wir sollen von Gottes Zuwendung und Nähe leben und erfahren, dass ER mit uns auf dem Weg ist.

Hören wir in uns hinein! Werden wir hellhörig für seine Stimme im Alltag und fragen wir uns, ob wir uns durch seine Engel im Alltagskleid ansprechen lassen.

Stille

Gebet

Gott, du Stimme, die uns ruft:
Mach uns hellhörig wie Maria,
damit wir deinen Anruf wahrnehmen.

Du sprichst uns jeden Tag neu an,
wendest dich uns zu
in den Menschen,
die uns ermutigen und fördern;
in den Menschen,
die uns zur Seite stehen und uns trösten;

in den Menschen.
die uns tragen und ertragen;
in den Menschen,
die uns zur Menschwerdung verhelfen.

Du nimmst uns in Anspruch,
willst durch uns Mensch werden –
hier und jetzt.
Du rufst uns an
in den Menschen,
die auf unsere Zuwendung und Zärtlichkeit hoffen;
in den Menschen,
die unseren Trost und Beistand brauchen;
in den Menschen,
die von uns Hoffnung und Ermutigung erwarten.

Gott, du Stimme, die uns ruft:
Mach uns hellhörig wie Maria,
damit deine Menschwerdung
mitten in unserem Leben geschieht.
Amen.

GL 521: „Herr, gib uns Mut zum Hören"

Lk 1, 30 – 38

Da sagte der Engel zu ihr: Fürchte dich nicht, Maria; denn du hast bei Gott Gnade gefunden. Du wirst ein Kind empfangen, einen Sohn wirst du gebären: dem sollst du den Namen Jesus geben. Er wird groß sein und Sohn des Höchsten genannt werden. Gott, der Herr, wird ihm den Thron seines Vaters David geben. Er wird über das Haus Jakob in Ewigkeit herrschen und seine Herrschaft wird kein Ende haben. Maria sagte zu dem Engel: Wie soll das geschehen, da ich keinen Mann erkenne? Der Engel antwortete ihr: Der Hl. Geist wird über dich kommen, und die Kraft des Höchsten wird dich überschatten. Deshalb wird auch das Kind heilig und Sohn Gottes genannt werden. Auch Elisabeth, deine Verwandte, hat noch in ihrem Alter einen Sohn empfangen; obwohl sie als unfruchtbar galt, ist sie jetzt schon im sechsten Monat. Denn für Gott ist nichts unmöglich. Da sagte Ma-

ria: Ich bin die Magd des Herrn, mir geschehe, wie du es gesagt hast. Danach verließ sie der Engel.

Meditation – Symbol: leere Schale

Maria vernimmt nicht nur die Stimme Gottes , sie vertraut ihr ganz und gar. Ohne „wenn“ und „aber“ lässt sie sich auf die Botschaft des Engels ein, sagt Ja zur Menschwerdung Gottes.

Damit öffnet sie sich Gottes An-Spruch, seinem Geist und seinen ungeahnten Möglichkeiten.

Ein Zeichen für diese Haltung ist diese leere Schale. Sie sagt jedem einzelnen: Mache dich leer, damit Gottes Geist dich erfüllen kann. Öffne dich mit all deinen Sinnen, mit deinem ganzen Herzen für Gottes Lebenszusage. Öffne dich den überraschenden und ungeahnten Möglichkeiten Gottes mit Dir und jedem Menschen.

Stille

Gebet

Lebensspendender Gott,
mache uns offen wie diese leere Schale
und erfülle uns mit deiner Gegenwart,
damit wir dich finden in allem, was lebt.
Liebender Gott,
mache uns offen wie diese leere Schale
und erfülle uns mit deinem Geist,
damit wir in Liebe einander begegnen.
Menschgewordener Gott,
mache uns offen wie diese leere Schale
und erfülle uns mit deinem Wort,
damit wir deine Lebenszusage hören und annehmen.
Treuer Gott,
mache uns offen wie diese leere Schale
und erfülle uns mit deinen Träumen,
damit wir deiner Vision einer heilen Welt vertrauen.

Meditatives Orgelspiel

Lk 1,39 – 55

Nach einigen Tagen machte sich Maria auf den Weg und eilte in eine Stadt im Bergland von Judäa. Sie ging in das Haus des Zacharias und begrüßte Elisabeth. Als Elisabeth den Gruß Marias hörte, hüpfte das Kind in ihrem Leib. Da wurde Elisabeth vom Heiligen Geist erfüllt und rief mit lauter Stimme: Gesegnet bist du mehr als alle anderen Frauen und gesegnet ist die Frucht deines Leibes. Wer bin ich, dass die Mutter meines Herrn zu mir kommt? In dem Augenblick, als ich deinen Gruß hörte, hüpfte das Kind vor Freude in meinem Leib. Selig ist die, die geglaubt hat, dass sich erfüllt, was der Herr ihr sagen ließ. Da sagte Maria:

Meine Seele preist die Größe des Herrn, und mein Geist jubelt über Gott, meinen Retter.
Denn auf die Niedrigkeit seiner Magd hat er geschaut. Siehe, von nun an preisen mich selig alle Geschlechter.
Denn der Mächtige hat Großes an mir getan und sein Name ist heilig.
Er erbarmt sich von Geschlecht zu Geschlecht über alle, die ihn fürchten.
Er vollbringt mit seinem Arm machtvolle Taten: Er zerstreut, die im Herzen voll Hochmut sind;
er stürzt die Mächtigen vom Thron und erhöht die Niedrigen.
Die Hungernden beschenkt er mit seinen Gaben und lässt die Reichen leer ausgehen.
Er nimmt sich seines Knechtes Israel an und denkt an sein Erbarmen,
das er unsern Vätern verheißen hat, Abraham und seinen Nachkommen auf ewig.

Meditation – Symbol: gesprengte Fesseln

Wer Gott wirklich erfahren hat, der kann nicht schweigen, der muss das, wovon er existenziell zutiefst berührt ist, weiter sagen. So ergeht es auch Maria., sie läuft zu Elisabeth. Die beiden Frauen begegnen einander wirklich und stecken sich mit ihrer Begeisterung an. Sie wissen, dass Gott ihnen, der jungen und der alten Frau, neue Möglichkeiten erschlossen hat. Und so kann Maria schließlich auch das Magnifikat anstimmen, dieses große Lied der Befreiung, mit dem sie sich in die Reihe der Prophetinnen des alten Bundes stellt. Gleichzeitig nimmt sie in diesem Loblied die Predigt ihres Sohnes vom Gottesreich vorweg. Gerechtigkeit, Frieden, Barmherzigkeit – das sind die Kennzeichen des mit Jesus endgültig angebrochenen Gottesreiches. Gott wird die Unrechts- und Gewaltverhältnisse dieser Welt umkehren. Daran glaubt Maria und das sagen uns auch diese gesprengten Fesseln. Sie fordern uns auf, gerade jetzt im Advent für Frieden und Gerechtigkeit einzutreten. Sie ermutigen uns, für andere Verhältnisse zu sorgen, indem wir die Geschundenen und Benachteiligten wahrnehmen und ihnen unsere Stimme verleihen. Sie laden uns ein, Barmherzigkeit gegen alle zu üben, die unserer Zuwendung bedürfen.

Besinnen wir uns darauf, wie und wodurch wir diese Haltungen in unserem Alltag umsetzen können!

Stille

Lied GL 876: „Magnificat"

Gebet
Wir sehnen uns, Gott, nach deinem Reich.
Wir bitten dich, lass uns mit Mut und Energie,
mit Phantasie und mit Kreativität
dafür eintreten, dass es Gestalt gewinnt – mitten unter uns.
Wir rufen zu dir: Dein Reich komme!

Wir bitten dich um Gerechtigkeit für alle,
die auf der Schattenseite des Lebens stehen,
die übersehen und benachteiligt, verspottet und bedroht,
verfolgt und misshandelt werden;
für alle, denen das Nötigste fehlt:
das tägliche Brot,
etwas zum Anziehen,
ein Dach über dem Kopf.
Wir rufen zu dir: Dein Reich komme!

Wir bitten dich um Frieden für alle, die unter Gewalt leiden –
hierzulande und überall dort,
wo Waffen über Worte triumphieren;

für alle, die Angst haben
um ihre Frau, um ihren Mann, um Kinder,
um Geschwister und Eltern;
für alle, die auf der Suche sind
nach Sicherheit, nach Geborgenheit und nach einem Zuhause,
und die doch keiner haben will.
Wir rufen zu dir: Dein Reich komme!

Wir bitten dich um Freude
für alle, die das Lachen verlernt haben;
für alle, die keine Hoffnung mehr haben;
für die es dunkel geworden ist – in ihnen und um sie herum,
weil sie mit ihren Problemen nicht mehr fertig werden,
weil das Leben sie überfordert,
weil sie krank sind.
Wir rufen zu dir: Dein Reich komme!

Wir bitten dich um Geduld und Gelassenheit,
um Entschlossenheit und Beharrlichkeit
und um deinen guten Geist für uns,
damit wir nicht nachlassen,
dein Reich auf Erden erlebbar zu machen.

(Eckhard Herrmann, Neue Gebete für den Gottesdienst, München 2002, S. 138f)

Gebet gemeinsames Vater unser

Lied GL 106: „Kündet allen in der Not“ (1., 2. und 5. Str.)

Segensgebet
Gott unserer Sehnsucht,
Du hast Maria mit der ganzen Fülle deiner Geisteskraft gesegnet.
Schenke auch uns deinen Segen,
damit wir hellhörig werden für Deine Stimme,
uns öffnen für deinen Geist
und eintreten für dein Reich der Gerechtigkeit und des Friedens.
Dazu wende uns dein Angesicht zu und segne uns:
im Namen des Vaters, des Sohnes und des Hl. Geistes. Amen.

(Ne)

Fastenzeit: Dem Fest des Lebens entgegen gehen

Wenn die Fastenzeit für viele Menschen nach wie vor keinen guten Beigeschmack hat, liegt dies oft in ihrer Lebensgeschichte begründet. Sie erinnern sich an ihre Kindheit und daran, dass diese 40 Tage vor Ostern mit allerlei rigiden Vorschriften belegt waren. Da galt es, sich kirchlichen Bußritualien zu unterwerfen, strikt zu fasten und auf jeglichen Genuss und jegliche Lebensfreude zu verzichten. Es war also eine wirklich triste und trostlose Zeit, mit der die meisten bis heute negative Gefühle verbinden.

Von hier verwundert es dann kaum, dass die Menschen die ihnen äußerlich auferlegten Ge- und Verbote dieser Zeit nach und nach als Erwachsene abgelegt haben, sodass die österliche Bußzeit – wie die Fastenzeit offiziell im kirchlichen Festkreis heißt – heute fast gänzlich aus dem Bewusstsein der Menschen verschwunden ist. Ein Großteil unserer Bevölkerung verbringt diese Zeit wie jede andere im Jahreskreis: Da gibt es in den Familien keine Gläser mehr, in denen Süßigkeiten gesammelt werden; da werden die Feste gefeiert, wie sie fallen usw. usf. Kurzum: Das Fasten als allgemeine Pflichtübung gibt es nicht mehr. Das ist m.E. auch gut so, denn es geht bei der Gestaltung dieser Zeit nicht zuerst um alle möglichen Reglementierungen, sondern zunächst um eine innere Einstellung und Gesinnung. Der Evangelist Markus formuliert es so: „Die Zeit ist erfüllt, das Reich Gottes ist nahe. Kehrt um, und glaubt an das Evangelium" (Mk 1,15). Weil das Reich Gottes nahe ist, weil wir Christen davon überzeugt sind, dass mit Jesu Leben, Tod und Auferstehung dieses Reich Gottes endgültig angebrochen ist, gilt es, gerade in diesen 40 Tagen vor Ostern aufzubrechen und das Leben neu zu wagen, damit wir Ostern als Fest des Lebens feiern können.

Wie nötig dieser Aufbruch immer wieder ist, zeigt ein Blick auf unser Leben. Wir alle fallen an der ein oder anderen Stelle in den Alltagstrott, richten uns in unserer kleinen Lebenswelt und in unseren Gewohnheiten ein. Oft fahren wir uns fest in alten Mustern, sodass wir uns nicht weiter entwickeln und nichts Neues in uns wachsen kann. Darüber hinaus haben nicht wenige das Gefühl, von den Anforderungen und Ansprüchen, die sie selbst an sich haben und die von außen auf sie eindringen, verzehrt zu werden. Was dabei herauskommt, ist nicht selten ein verkümmertes und verkrustetes Leben, ein Leben, das den Menschen nicht erlaubt, ihre Möglichkeiten und Fähigkeiten zu entfalten. Diese Verkrustungen aber aufzubrechen, darin liegt der Sinn der Fastenzeit, und das meint auch der biblische Begriff von der Umkehr.

Es geht um eine Verwandlung unseres bisherigen Denkens, Handelns und Verhaltens im Sinne der froh machenden Botschaft Jesu Christi.

Wie aber kann diese Verwandlung und Neuorientierung gelingen? Wie können Menschen die Frohe Botschaft vom Leben in Fülle neu entdecken? Hinweise zur Beantwortung dieser Frage finde ich, indem ich mit dem Wort „lassen" spiele: Zulassen, überlassen, loslassen und einlassen sind für mich Aspekte, die mir helfen, mein Leben neu auszurichten und es an der Frohen Botschaft Jesu Christi zu orientieren. Betrachten wir diese Worte einmal etwas näher!

Vor aller Veränderung und Verwandlung kommt zunächst das **Zu-lassen**. Denn nur was ich annehme, kann ich auch verändern. Von hier ist dann auch die Fastenzeit für mich zunächst eine Zeit der Unterbrechung und des Innehaltens, eine Zeit, in der ich mich der Realität meines konkreten Lebens stelle. Näherhin beinhaltet dies, dass ich meinen Leib und meine Seele, meine Gedanken und Gefühle, meine Schwächen und Stärken, meine Freude und meine Enttäuschungen, also alles, was mich bewegt, wirklich wahr- und annehme. So einfach dies klingen mag, stellt dieses Zulassen doch eine gewaltige Herausforderung dar. Zu groß scheint doch für jeden Menschen immer wieder die Versuchung, unliebsame Gefühle und Bedürfnisse zu verdrängen und schnell zur so genannten Tagesordnung überzugehen.

Ein zweiter Schritt ist das **Über-lassen**. Damit meine ich, dass ich alles, was ich an mir wahrgenommen und zugelassen habe, Gott hinhalte und es ihm überlasse in dem Vertrauen, dass er mich annimmt, wie ich bin. Auch dieser Schritt stellt eine enorme Herausforderung dar, möchten Menschen doch auch vor ihrem Gott gerne gut dastehen, können sie sich oft nur schwer vorstellen, dass sie vor Gott mit all ihren Unzulänglichkeiten und Brüchen, mit ihrem Versagen und ihrer Schuld da sein dürfen. Gott alles hinzuhalten, auch das, wofür wir uns schämen, erfordert von uns Mut und Vertrauen. Dennoch bewirkt gerade diese Haltung Wandlung. So habe ich selbst schon mehr als ein Mal die Erfahrung gemacht, dass wenn ich Gott im Gebet meine Empfindungen und Bedürfnisse hingehalten habe, sich etwas bei mir geändert hat. Ich habe dann eine andere Perspektive, eine neue Blickrichtung gewonnen, sodass mir plötzlich klar wurde, wovon ich mich in meinem Alltag verabschieden und welche Dinge ich loslassen will. Damit aber haben wir bereits einen weiteren Aspekt tangiert.

Beim **Los-lassen** geht es um ein Loslassen von, damit ich frei werde für etwas, das ich bisher in all meinen Gefangenheiten nicht verwirklichen konnte. Gewinnen Menschen bereits eine neue Lebensperspektive, indem sie sich Gott überlassen, kann diese Lebensperspektive meiner Erfahrung nach erst dann Wirklichkeit werden, wenn das Loslassen hinzukommt.

Indem Menschen loslassen von dem, was sie alltäglich in Beschlag nimmt, werden sie frei für Gottes Möglichkeiten mit ihnen. Was es allerdings loszulassen gilt, worauf es zu verzichten lohnt, um sich einen Freiraum zu schaffen und Neues auszuprobieren, ist bei jedem Menschen anders: Bei dem einen kann es der Fernsehkonsum oder das abendliche Glas Wein sein; bei einer anderen ist es vielleicht eine eingefahrene Verhaltensweise oder eine einengende Beziehung; wiederum bei anderen ist es ein Berg von Verpflichtungen und Erfordernissen, die es loszulassen gilt. Wie auch immer sich dieses Loslassen gestaltet, es ist kein Verzicht um des Verzichtes willen, sondern ein Sich-frei-machen für eine bisher ungelebte Dimension des Lebens.

Damit das Leben in all seiner Buntheit und Vielfalt in der Vorbereitung auf Ostern erschlossen werden kann, bedarf es neben dem Loslassen auch des **Sich-immer-wieder-neu-Einlassens** auf das Leben mit all seinen Spannungen. Sich-einlassen, das heißt, die Herausforderungen des Alltags zu sehen und anzunehmen, zu entdekken, wo ich mich persönlich weiter entwickeln, wo ich schon zu meinen Kompetenzen stehen kann, wo ich letztlich aber auch meine Grenzen akzeptieren muss. Sich einlassen, das bedeutet aber auch, mich zu öffnen und aufmerksam zu werden für das, was um mich herum passiert und dort kräftig anzupacken oder meine

Stimme zu erheben, wo meine helfende Hand bzw. mein Aufschrei vonnöten sind. Schließlich beinhaltet das Sicheinlassen auf das Leben, sensibel zu werden für Gottes Wirken in dieser Welt und seinen Spuren zu folgen.

Wenn wir uns in den 40 Tagen vor Ostern von diesen Aspekten leiten lassen, wenn wir also lernen, unsere Empfindungen und Bedürfnisse zu zulassen, sie Gott zu überlassen, dadurch etwas loszulassen und uns neu auf dieses unser Leben einzulassen, wird diese Vorbereitungszeit ihren negativen Touch verlieren und für uns alle zu einer Einladung werden, unser Leben eigenverantwortlich zu gestalten. Dann aber werden wir nicht mehr aus zweiter Hand leben und dem folgen, was man tut und was man von uns erwartet, sondern dann werden wir kreativ das gestalten, was in uns angelegt ist und was uns in unseren Mitmenschen und in unserer Welt entgegenkommt. Vor allen Dingen werden wir uns dann an Leib, Geist und Seele erneuern, sodass wir mit all unseren Sinnen Ostern als Fest des Lebens feiern können.

Eucharistiefeier zur österlichen Bußzeit: Dem Fest des Lebens entgegengehen

Eröffnung GL Nr. 270: „Kommt herbei, singt dem Herrn“ (1. – 3. Str.)

Hinführung

„Ruft ihm zu, der uns befreit“ – so haben wir gerade gesungen und damit zum Ausdruck gebracht: Unser Gott ist ein Gott, der uns zur Freiheit berufen hat. Er ist ein Gott, der uns von allen Fesseln, die wir uns selbst und die andere uns anlegen, befreien will.

Diese Freiheit erneut zu spüren, sie mit unserer ganzen Existenz zu erfassen, das ist der Sinn der Fastenzeit, der Vorbereitungszeit auf Ostern. Damit wir Ostern als Fest des Lebens und der Befreiung mit all unseren Sinnen feiern können, gilt es, unsere Lebensgestaltung daraufhin zu überprüfen, wo wir uns selbst am Leben hindern, indem wir uns immer wieder in alle möglichen Zwänge verwickeln lassen. Um uns aus diesen Gefangenheiten zu lösen, bedürfen wir der Umkehr, der erneuten Hinwendung zum Leben, das Gott uns verheißen hat.

Bitten wir IHN am Beginn dieser Feier um seine Zuwendung, die unsere Grenzen zu sprengen vermag.

Kyrie GL Nr. 848: „Meine engen Grenzen" (1.–4. Str.)

Tagesgebet

Gott des Lebens und der Freiheit, zu dir dürfen wir kommen mit allem, was uns bewegt. Weil du eine jede und einen jeden ansiehst und annimmst, können auch wir unser Leben mit all seinen Unzulänglichkeiten und Brüchen zulassen und annehmen. Dir dürfen wir alles hinhalten und überlassen. So wird Veränderung und Verwandlung möglich. Schenke uns in dieser österlichen Bußzeit den Geist deines Sohnes, damit wir alles loslassen, was uns einengt und fesselt, und uns erneut auf das Leben mit all seinen Möglichkeiten einlassen. Sei du mit und bei uns, damit wir voller Zuversicht und Freude aufbrechen und dem Fest des Lebens entgegengehen. Darum bitten wir dich durch Jesus Christus, der für uns der Weg, die Wahrheit und das Leben ist. Amen.

Lesung Jes 58, 6–12

Wisst ihr nicht, wie das Fasten ist, das ich liebe? So spricht der Herr Jahwe: Ungerechte Fesseln öffnen und des Jochs Stricke lösen: Die Bedrückten frei entlassen und jegliches Joch zerbrechen; dein Brot den Hungrigen brechen und obdachlose Arme aufnehmen in dein Haus; den Nackten, den du siehst, bekleiden und dich deinen Mitmenschen nicht entziehen.

Dann bricht wie Morgenröte dein Licht hervor, und schnell wird deine Heilung sprossen. Deine Gerechtigkeit geht alsdann vor dir her, und die Herrlichkeit Jahwes wird deine Nachhut bilden. Dann wirst du rufen und Jahwe wird dir antworten; du wirst flehen, und er wird sagen: „Siehe, hier bin ich!"

Wenn du aus deiner Mitte Bedrückung, Fingerrecken und Unheilsrede entfernst, wenn du Hungrigen dein Brot schenkst und den Gebeugten sättigst, dann wird im Dunkel dein Licht erstrahlen und deine Finsternis wird zur Mittagshelle. Dann wird Jahwe dich allezeit leiten und deine Seele selbst im dürren Land sättigen.

Er wird deine Glieder mit Kraft erfüllen; du wirst wie ein wohlbewässerter Garten sein, wie eine Quelle, deren Wasser nie versiegt.

Und du wirst uralte Trümmer wieder aufbauen, die Grundmauern vergangener Geschlechter wirst du wieder aufrichten. Dann wird man dich nennen: Der Breschen vermauert, und: Der Trümmer zum Wohnen wieder herstellt.

Antwortgesang GL Nr. 160: „Bekehre uns ..." (1. – 3. Str.)

Evangelium Mk 1,14–15

Und nachdem Johannes überliefert war, kam Jesus nach Galiläa und verkündete die Heilsbotschaft Gottes,(15) indem er sprach: „Die Zeit ist erfüllt und das Reich Gottes ist nahe gekommen. Kehret um und glaubt an die Heilsbotschaft."

Fürbitten

Gott, Ziel unseres Lebens, wir sind aufgebrochen, um als neue Menschen Ostern zu feiern. Deshalb kommen wir mit unseren Bitten zu dir.

- Wir bitten für alle, die sich nach Gerechtigkeit sehnen; für alle, die verspottet, bedroht, ausgebeutet, verfolgt und misshandelt werden; für alle, die nicht genug zum Leben haben, denen es an Nahrung, Kleidung und einem Dach über dem Kopf fehlt.
  Wir rufen zu dir: Dein Reich komme!
- Wir bitten für alle, die unter Unfrieden und Gewalt leiden – hier bei uns und weltweit; für die Straßenkinder, die sich vor der Brutalität der Polizei fürchten; für alle, die täglich vom Bombenterror bedroht sind; für jene, die mundtot gemacht werden und deren Stimme niemand hört; für alle, die auf der Suche sind nach Sicherheit, Geborgenheit und einem Zuhause.
  Wir rufen zu dir: Dein Reich komme!
- Wir bitten für alle, die nur um ihre eigenen Wünsche und Bedürfnisse kreisen; für die Süchtigen, die sich verstrickt haben in die Fesseln ihrer Gier; für die Gehetzten und Gejagten, die zu Gefangenen ihres eigenen Terminkalenders geworden sind; für die Satten und Selbstzufriedenen, die sich in ihrer kleinen Welt eingerichtet haben und ihre Sehnsucht nach einem Leben in Fülle nicht mehr spüren.
  Wir rufen zu dir: Dein Reich komme!

– Wir bitten dich für uns, die wir an dich und dein Reich glauben und dennoch immer wieder andere Wege gehen. Lass uns umkehren und die Möglichkeiten entdecken, die du uns schenkst. Hilf uns, alles loszulassen, was uns einengt und unfrei macht. Wecke in uns die Sehnsucht nach deiner Nähe und Zuwendung und stärke unser Vertrauen auf deine Führung. Schenke uns Mut und Energie, Leidenschaft und langen Atem, damit wir nicht nachlassen, dein Reich auf Erden erlebbar werden zu lassen.
Wir rufen zu dir: Dein Reich komme!

Dass wir in dieser Gesinnung dem Fest des Lebens entgegengehen, darum bitten wir dich, guter Gott, durch Jesus Christus, deinen Sohn und unseren Bruder und Herrn. Amen.

Gabenbereitung GL Nr. 886: „Wenn wir das Leben teilen" (1., 3.–5. Str.)

Gabengebet
Gott, Brot und Wein, die Zeichen deiner liebenden Hingabe und deines kommenden Reiches, sind bereitet. Mit diesen Zeichen bringen wir dir alles, was uns belastet. Wir legen es in deine Hände in dem Vertrauen darauf, dass du es zu wandeln vermagst. Lass uns zu Menschen werden, die dafür eintreten, dass dein Reich der Liebe und des Lebens unter uns Gestalt annimmt. Verwandle uns mit diesen Gaben, damit wir voller Zuversicht und Freude dem Osterfest entgegengehen. Darum bitten wir dich durch Jesus Christus im Heiligen Geist. Amen.

Sanctus GL Nr. 855 „Halleluja" (8. und 9. Str.)

Vater unser gemeinsames Gebet

Friedensgruß GL Nr. 891: „Unfriede…" (1. – 3. Str.)

Kommuniongesang GL 297: „Gott liebt diese Welt" (1., 5.–7. Str.)

Meditation nach der Kommunion

Fastenzeit –
eine Ermutigung, umzukehren, aufzubrechen
und neue Lebensmöglichkeiten zu suchen.
Fastenzeit –
eine Zeit, sich Gott zuzuwenden
und seine Spuren im Alltag zu entdecken.
Fastenzeit –
eine Herausforderung, die Fesseln zu lösen
und Befreiung erfahrbar werden zu lassen.
Fastenzeit –
eine Chance, sich von Gottes Geist erfassen und verwandeln zu lassen,
um voller Hoffnung dem Fest des Lebens entgegen zu gehen.

Schlussgebet

Gott, der du mit uns gehst und uns führst, wir haben dein Mahl gefeiert, um uns zu stärken auf dem Weg zum Fest des Lebens. Wir danken dir für deine Nähe und Zuwendung, die du uns in dieser Feier hast spüren lassen. Sie sind für uns Ermutigung auf unserem Weg durch die Fastenzeit. Bleibe du bei uns, damit wir die nötigen Schritte auf Ostern hin wagen. Darum bitten wir dich durch Jesus Christus, unseren Herrn. Amen.

Schlusslied GL Nr. 881
„Lass uns in deinem Namen, Herr“ (1. – 4. Str.)

(Ne)

Christi Himmelfahrt: „Weißt Du, wo der Himmel ist?“

Weißt Du, wo der Himmel ist? – diese Frage stellt nicht nur ein modernes geistliches Lied, sondern sie bewegt nach wie vor viele Menschen. Denn sooft wir auch das Bild vom Himmel gebrauchen, ob wir nun davon sprechen, dass wir im siebten Himmel schweben, etwas himmlisch finden oder gar in himmelhochjauchzender Stimmung sind, so lässt sich doch die Frage, wo der Himmel ist, an den Christen und Christinnen glauben, nicht ganz einfach beantworten. Spätestens seitdem die Weltraumfahrt einen Planeten nach dem anderen erforscht, seitdem der Flug zum Mond nichts Außergewöhnliches mehr ist, ist allen klar, dass der Himmel der Gläubigen nicht über den Wolken ist. Wenn Christen vom Himmel sprechen, denken sie an keinen geographisch bestimmbaren Ort, sondern an eine Person, nämlich an Jesus Christus und an das, was sich in ihm ereignet hat. Sie glauben daran, dass Jesus Christus nicht am Kreuz gescheitert ist, sondern dass seine Verkündigung des Reiches Gottes in seiner Auferstehung bestätigt worden ist und dass dieser Jesus Christus jetzt in der Dimension Gottes lebt.

Dass dieser Jesus jetzt in einer anderen neuen Lebensweise, dass er in der Gegenwart Gottes lebt, drückt der Evangelist Lukas im mythologischen Bild von der Himmelfahrt Jesu aus. Für Lukas ist klar: Jesu Leben für andere, seine Botschaft von der heilenden Nähe und Zuwendung Gottes ist durch Gott selbst bestätigt. Mit anderen Worten: In Jesus Christus ist das Reich Gottes endgültig angebrochen. In ihm ist ein für alle Mal deutlich geworden, dass das Leben stärker ist als alle Todesmächte dieser Welt. An diesem Leben in Fülle möchte Gott jedem Einzelnen, jeder Einzelnen Anteil durch Jesus Christus geben. Deshalb spricht Lukas auch davon, dass Jesus wiederkommen wird – ein Bild dafür, dass Jesus Christus uns den Zugang zu einem Leben in und mit Gott eröffnet hat. Das ist die Hoffnung der Christen, eine Hoffnung, die begrifflich ebenso schwer zu fassen ist wie die Himmelfahrt Jesu selbst. Und so beschreiben auch wir diese Zuversicht auf ein vollendetes Leben in Bildern und Geschichten vom Himmel.

Eine dieser Geschichten, die mich besonders anspricht, ist diese: Ein Rabbi bittet Gott, ihm den Himmel zu zeigen. Gott erfüllt die Bitte und schickt dem Rabbi einen Propheten, der ihn zu einem kleinen Ausflug ins Jenseits mitnimmt. Die beiden kommen in einen großen Saal, angefüllt vom Geschrei und Fluchen ausgehungerter Menschen, die um einen Kessel voller duftender und wohlschmeckender Speisen sitzen. Alle haben lange Löffel in den Händen, die man nur an ihrem Stielende anfassen kann. Angestrengt versuchen sie, mit diesen langen Löffeln Speise aus dem Kessel zum Mund zu führen. Vergeblich! Und weil sie es immer wieder erfolglos probieren, geraten sie in Raserei und Verzweiflung. „Was ist das hier?“, fragt der Rabbi den Propheten. – „Die Hölle“, antwortet ihm dieser.

Danach betreten die beiden einen zweiten, großen Raum. Auch hier sitzen Menschen um Kessel mit duftenden Speisen; diese Menschen sind wohlgenährt, vergnügt und fröhlich. Auch sie haben die gleichen langen Löffel in den Händen, die man nur an ihrem Stielende anfassen kann. Aber sie verstehen damit umzugehen: Einer füttert den anderen. Wiederum fragt der Rabbi: „Was ist das ?“ – „Der Himmel“, antwortet der Prophet.

Diese Geschichte dringt tiefer in mich ein als alle theologischen Erklärungen. Sie schließt mir den Sinn von Christi Himmelfahrt und den Glauben der Christen an einen Himmel existenziell auf: Die Menschen im ersten Saal haben alles, was sie zum Leben brauchen. Es nützt ihnen aber nichts, weil sie auf Selbstbedienung ausgerichtet sind. Sie kreisen nur um sich und ihre Sorgen. So bleiben sie in sich gefangen, sind sich selbst genug. Sie haben Arbeit und Brot – sollen die anderen doch sehen, wie sie zurecht kommen. Dennoch sind sie unglücklich; sie bleiben leer und hungrig, weil sie nicht fähig sind, über den eigenen Tellerrand hinaus zu sehen.

Ganz anders die Situation im zweiten Saal trotz der gleichen äußeren Bedingungen. Aber hier nimmt einer den anderen wahr, sehen die Menschen die Bedürfnisse und Nöte der anderen. Hier ist nicht jeder sich selbst der Nächste, sondern der Nächste ist der andere, der mich braucht. Indem die Menschen im zweiten Saal einander wirklich sehen und ansehen, können sie ihre Probleme lösen und miteinander froh und glücklich sein. Menschen, die füreinander da sind, das ist der Himmel. Für diesen Himmel hat Jesus gelebt und alles, ja sich selbst riskiert. Damit aber hat er uns den Himmel eröffnet. Das ist die Botschaft des Festes Christi Himmelfahrt.

Dabei erwartet uns dieser Himmel laut Aussage der Apostelgeschichte nicht nur und erst am Ende unseres irdischen Lebens. Werden dort nämlich die Apostel aufgefordert, nicht in den Himmel zu starren, kommt eine andere Blickrichtung ins Spiel. Diese besagt: Christus ist als der auferstandene und erhöhte Herr seiner Kirche auf ganz neue Weise nahe gekommen. Er ist mit seinem Geist mitten in dieser Welt, und er sendet uns wie seine Jünger hier und jetzt zu allen Menschen, um seine Lebensbotschaft Wirklichkeit werden zu lassen. Er gibt uns den Auftrag, mitten in dieser Welt an seinem Himmel zu bauen und mit seiner Hilfe dafür zu sorgen, dass Himmel und Erde sich immer wieder berühren. Kommen wir diesem Auftrag nach, werden auch wir die Frage unseres oben zitierten Liedes wie folgt beantworten können: „Weißt Du, wo der Himmel ist, nicht so hoch da oben; sag doch ja zu dir und mir, du bist aufgehoben."

Baustein 1: Arbeit mit Satzanfängen

Dieser Baustein, der sich zu Beginn der Einheit eignet, will die Bilder und Vorstellungen der Teilnehmerinnen vom Himmel sichtbar machen.

Die Gesprächsleiterin bittet die Teilnehmerinnen, folgende Sätze zu vervollständigen:

– Mit dem Bild vom Himmel verbinde ich ...
– Der christliche Glaube an einen Himmel bedeutet für mich ...

In einem Rundgespräch stellen die Teilnehmerinnen ihre Sätze vor.

Damit diese spontan das niederschreiben, was ihnen zu den beiden Satzanfängen einfällt, hilft ihnen ein Hinweis, dass es bei dieser Aufgabe nicht um richtig und falsch geht, sondern darum, welche Assoziationen die einzelnen zu den beiden Satzanfängen haben.

Baustein 2: Arbeit mit Liedern zum Thema

Für diesen Baustein hat die Gesprächsleiterin mehrere Liedtexte kopiert, die sie in ausreichender Zahl zur Verfügung hat. Die TN werden eingeladen, sich die Liedtexte in einer Kleingruppenarbeit unter folgender Fragestellung anzuschauen:

1. Was verbinden die Autoren mit dem Bild des Himmels? Welche Hoffnungen werden in den Liedern thematisiert?
2. Welche Bilder sprechen Sie besonders an? Mit welchen haben Sie Schwierigkeiten?
3. Suchen Sie ein Lied aus, das Ihrer Meinung nach den biblischen Glauben an einen Himmel in besonders angemessener Weise artikuliert!

Nach der Arbeit in der Kleingruppe präsentieren die Gruppen das von ihnen ausgesuchte Lied im Plenum. Es erfolgt ein Gespräch darüber, welche Hoffnungsbilder in den Liedern zum Ausdruck kommen.

Folgende Lieder kommen u. a. für diese Arbeit in Frage:

„Weißt Du, wo der Himmel ist?"; „Schaut nicht hinauf", in: Kolping Bildungswerk (Hrsg.), Troubadour für Gott, Würzburg 1983. „Wenn der Himmel in unsere Nacht fällt"; „Der Himmel, der ist"; „O, Heiland, reiß die Himmel auf"; „Da berühren sich Himmel und Erde"; „Vater unser im Himmel"; Ich will Dir danken, Herr"; „Nun danket all"; „Durch das Dunkel hindurch", in: Bistum Münster (Hrsg.), miteinander, Lieder und Texte für den Gottesdienst, Kevelaer (3) 1993.

„Ihr Freunde Gottes allzu gleich", Erfreue dich Himmel"; Heut ist gefahren Gottes Sohn", in: Gotteslob, Katholisches Gebet- und Gesangbuch, Ausgabe Bistum Münster.

Baustein 3: Bibelarbeit zu Apg 1,1–11

Die folgende Bibelarbeit soll den TN deutlich machen, dass es dem Evangelisten Lukas im Bild von der Himmelfahrt Jesu nicht um ein bestimmtes Weltbild geht, sondern um die Erfahrung, dass

Jesus in der Dimension Gottes lebt. Dieser lebendige Christus sendet die Seinen, damit sie mit Hilfe des Hl. Geistes Zeuginnen und Zeugen für das Reich Gottes werden.

Der Bibeltext wird an alle TN ausgeteilt und je nach Anzahl der TN zunächst in der Kleingruppe und dann im Plenum erarbeitet. Folgende Fragen und Aufgaben helfen bei der Erschließung des Textes:

1. Was sagt der Text über Jesus Christus?
2. Welches Verhalten der Jünger wird hier geschildert?
3. Welche Absicht verbindet Ihrer Meinung nach der Evangelist Lukas mit diesem Bericht?
4. Stellen Sie sich vor, Sie sollten einen Zeitungsartikel zum lukanischen Bericht schreiben. Wie lautet die Schlagzeile?

Baustein 4:
Meiner Hoffnung auf den Himmel Ausdruck verleihen – Gestaltung eigener Himmelsbilder

Um der eignen Hoffnung Ausdruck zu verleihen und den thematischen Impulsen der Einheit ganzheitlich nachzuspüren, werden die TN eingeladen, ihren Gedanken und Gefühlen zum Bild des Himmels eine Gestalt zu geben. Dafür stehen den TN bunte Tücher und allerlei Legematerialien zur Verfügung. In Stille oder bei ruhiger Musik legen die TN ihre Bilder, die im Anschluss im Plenum vorgestellt werden. Bei der Vorstellung achtet die Gesprächsleiterin darauf, dass die Bilder nicht kommentiert und diskutiert werden.

(Ne)

Pfingsten: Komm, Heiliger Geist!

Komm, Heiliger Geist, der Leben schafft – diesen Vers aus einem alten Hymnus singen und beten Christen und Christinnen vor allem in der Pfingstzeit in vielen Variationen. Komm, Hl. Geist – so rufen sie, weil sie zutiefst davon überzeugt sind, dass ein jeder und eine jede, unsere Gesellschaft und diese Welt Gottes Geist bitter nötig haben. Wen oder was meinen sie aber genau, wenn sie um das Kommen des Geistes bitten?

Die Antwort ist nicht ganz einfach, kann all unser Denken und Sprechen doch die Wirklichkeit Gottes nicht einfangen. Gott ist und bleibt der oder die ganz Andere, bleibt für Christen und Christinnen unaussprechliches Geheimnis. Und dennoch ist dieser unbegreifliche und verborgene Gott in dieser Welt gegenwärtig. Daran glaube ich und dafür steht Jesus Christus: In seinem Leben, in seinem Tod und seiner Auferstehung wird deutlich:

Gott lässt diese Welt nicht im Stich. Er ist für uns da , ja zieht uns zu ihm hin. Das ist gemeint, wenn der Apostel Paulus in seinem Brief an die christliche Gemeinde von Rom bekennt: „Die Liebe Gottes ist ausgegossen in unsere Herzen durch den Hl. Geist, der uns gegeben ist.“ (Röm 5,5)

Der Hl. Geist ist also die Wirklichkeit Gottes, die uns am nächsten ist. Er ist mitten unter uns, ist jedem und jeder zugesagt. Schöne Worte – so mag jetzt mancher denken und sich fragen: Wo ist denn dieser Hl. Geist, wo ist er denn zu spüren? Nehmen wir alle täglich nicht ganz andere Geisteshaltungen wahr? Wir brauchen ja nur den Fernseher anzuschalten, die Zeitung aufzuschlagen, im Internet zu surfen oder uns ganz einfach in unserer konkreten Umgebung umzuschauen: Terror und Gewalt, irrationaler Hass und überschäumende Wut, Neid und Gier sind an der Tagesordnung.

Und auch in unserer kleinen privaten Welt, in unseren Gemeinschaften und Beziehungen machen wir immer wieder Erfahrungen, die es uns schwer machen, an den Hl. Geist zu glauben. Vor mir taucht das Bild einer Bekannten auf, die quasi von einer Minute zur anderen in die Bodenlosigkeit stürzte: Ihre Partnerschaft ging in die Brüche, sie verlor ihre Arbeit, traute sich nicht mehr unter die Menschen und wurde psychisch krank. Ohnmächtig erlebte ich diesen Absturz mit. Und wir alle wissen es: Dieses Schicksal ist kein Einzelfall. Viele müssen Ähnliches erleben und erleiden. Aber nicht nur solche traumatischen Erfahrungen lassen uns an der Gegenwart Gottes in dieser Welt zweifeln. Oft sind es einfach die Enttäuschungen und Niederlagen, die jeder Mensch im Alltag wegstecken muss. Kurzum: Es gibt tausend Gründe, diese Welt für absurd zu halten. Es gibt tausend Gründe, die gegen den Hl. Geist, Gottes Anwesenheit in dieser Welt sprechen.

Warum halte ich dennoch daran fest, an Gottes Gegenwart, an seine Wirksamkeit in dieser Welt zu glauben? Erliege ich damit nicht einer Illusion? Mache ich mir selbst etwas vor? Ich glaube dies nicht, denn für mich gibt es trotz aller Unmenschlichkeit, aller Trost- und Sinnlosigkeit viele Zeichen in dieser Welt, die eine andere Sprache sprechen, Zeichen, die mich in meinem Innersten treffen und mich zutiefst überzeugt sein lassen, dass Gottes Geist unter uns ist und letztlich sogar stärker sein wird als alle Todesmächte dieser Welt. Dabei denke ich zunächst an die vielen Versöhnungs- und Friedensinitiativen in dieser Welt, die sich nicht mit dem Hass und der Feindschaft zwischen den Menschen abfinden und immer wieder das Wunder der Menschlichkeit aufscheinen lassen. Ich denke an die großen Organisationen und die kleinen Initiativen, die sich gegen Menschenrechtsverletzungen wehren und für die Würde eines jeden Menschen eintreten. Mir kommt auch die Zivilcourage einzelner Büger und Bürgerinnen hier bei uns in den Sinn, die sich mutig rechten Schlägern entgegenstellen und sich für ein friedliches Miteinander der Menschen verschiedener Nationen, Kulturen und Religionen engagieren.

Und schließlich sind da die Erfahrungen in meinem ganz persönlichen Leben, die mich daran glauben lassen, dass Gott mir, uns allen nahe sein will. Auch wenn ich seine Gegenwart nicht in jedem Wort der Ermutigung, nicht in jeder Geste der Zuwendung und Zuneigung wahrnehme, gibt es doch immer wieder Situationen, in denen mir seine Nähe aufscheint, in denen ich spüre: Hier hält mich nicht nur ein anderer Mensch, sondern eine größere Kraft; hier erfahre ich nicht nur menschlichen Trost, sondern dahinter verbirgt sich mehr; hier haben nicht nur menschliche Begabungen und Fähigkeiten in einer Gruppe zu tollen Ergebnissen und einer mitmenschlichen Arbeitsatmosphäre geführt, sondern da wurde uns etwas geschenkt; und hier habe ich nicht aus eigener Kraft eine neue Perspektive gewonnen, sondern da hat mich im wahrsten Sinn des Wortes ein Geistesblitz getroffen.

Dass Gott in dieser Welt wirksam ist, dass dieser Gott aufleuchtet in den vielen kleinen Zeichen der Hoffnung und Ermutigung zum Leben – daran glaube ich. Dennoch mache ich immer wieder die Erfahrung, dass mir dieser Glaube in meinem Alltag wegrutscht. Manchmal gibt es so viel Trost- und Hoffnungsloses, so viel eigene Ohnmacht und Resignation, dass ich mutlos bin und der Zweifel überhand gewinnt. Und oft sind es einfach die alltäglichen Sorgen oder die eigenen Pläne, von denen ich mich derart in Beschlag nehmen lasse, dass ich Gott aus dem Blick verliere, kein Ohr für seine Stimme, keinen Platz in meinem Herzen für ihn habe. In solchen Situationen verstricke ich mich so in mich selbst, dass ich Gott keine Chance gebe, sondern allein auf meine Fähigkeiten und mein Können baue. Und manchmal bin ich einfach nur gleichgültig und nehme so das Wehen des Geistes in dieser Welt nicht wahr.

Weil das so ist, bin ich froh, dass es das Pfingstfest gibt. Dieses Fest erinnert mich nämlich daran, dass Gott mich aus meiner Selbstbezogenheit befreien und mir neue Perspektiven auf das Leben eröffnen will. Wie er damals die verängstigten Apostel ergriffen und zu mutigen und begeisterten Zeugen der Lebens – und Liebesbotschaft Gottes gemacht hat, möchte er auch heute in uns Menschen wirken und zum Zeugnis für Gott in der Welt ermutigen.

Voraussetzung dafür ist allerdings, dass wir uns wirklich nach ihm sehnen, dass wir uns von ihm erhoffen, dass durch ihn auch heute etwas in Bewegung kommt. Die Apostel damals hatten diese Sehnsucht. Von ihnen berichtet die Apostelgeschichte, dass sie sich nach Jesu Auferstehung und seiner Rückkehr zum Vater zum Gebet versammelt haben. Bevor sie überhaupt die überraschende und überwältigende Erfahrung des Geistes machen durften, haben sie gebetet. Für mich ist dieses Gebet ein Zeichen ihrer Sehnsucht. Sie haben ihren Herrn vermisst und den Kontakt und die Begegnung mit ihm im gemeinsamen Gebet gesucht.

Pfingsten, das Kommen des Geistes zeigt: Gott hat ihren Ruf gehört und erhört; er hat sie mit der Kraft seines Geistes so erfüllt, dass sie ungeahnte Möglichkeiten entdecken und voller Kreativität Gottes Verheißung eines Lebens in Fülle verkündigen konnten.

Wie die Apostel brauche auch ich das Gebet, die Begegnung mit meinem Gott. Indem ich mich an Gott wende, ihn um seinen Geist bitte, vergewissere ich mich seiner Gegenwart und Nähe, manchmal spüre ich sie sogar. Vor allen Dingen mache ich im Gebet immer wieder die Erfahrung, dass sich im Beten mein Horizont weitet, dass ich einen Blick über mich hinaus gewinne, sich neue Perspektiven eröffnen und ich das Wirken des Geistes in dieser Welt wahrnehmen kann. Dass ich mit diesem Glauben an die Gegenwart Gottes nicht allein dastehe, erfahre ich besonders in der Feier des Gottesdienstes in der Gemeinde. Diese Feier stärkt und trägt mich.

Deshalb bin ich froh, dass immer wieder Menschen mit mir singen und beten: Komm, Hl. Geist, der Leben schafft. Dass Gott unsere Bitte erhört, dessen bin ich sicher, kann ich doch die Spuren seines Geistes in den Wundern seiner Schöpfung, im menschlichen Miteinander und in mir selbst immer wieder neu entdecken.

Baustein 1:
Hinführung zum Thema: „Komm, Heiliger Geist"

Die Gesprächsleiterin hat die einzelnen Strophen des Pfingsthymnus (GL 241) auf A-4-Blätter geschrieben (je nach TN-Zahl müssen die Blätter in mehreren Kopien vorliegen). Die Blätter liegen auf dem Fußboden in der Mitte eines Stuhlkreises.

Nach der Begrüßung und einem kurzen Hinweis, dass das Thema dem in der Mitte liegenden Pfingsthymnus entnommen ist, werden die TN eingeladen, sich die Strophe auszusuchen, die sie anspricht und in der sie besonders das Wirken des Geistes erkennen. Die TN stellen sich anhand ihrer Strophe vor, indem sie kurz erläutern, warum sie sich für diese Liedzeile entschieden haben.

Baustein 2:
Heiliger Geist –
Was wir mit dieser Wirklichkeit Gottes verbinden!
Schreibgespräch mit anschließender Auswertung im Plenum

Ausgehend vom Pfingsthymnus erläutert die Gesprächsleiterin kurz, dass dieser Hymnus ebenso wie biblische Texte von der Wirkkraft des Hl. Geistes spricht, dass das Wort „Hl. Geist" selbst vom Verstand letztlich nicht einzuholen ist. Dennoch hat jeder Mensch Assoziationen, Bilder, Gedanken und Empfindungen, wenn er dieses Wort hört. Die Gesprächsleiterin bittet die TN, sich gruppenweise an einen Tisch zu setzen, auf dem ein großer Plakatkarton mit dem Stichwort „Heiliger Geist" liegt. Für jede Gruppe liegt ein Stift bereit.

Die Gesprächsleiterin ermutigt die TN, in ein Schreibgespräch über ihre Assoziationen zum Hl. Geist einzutreten. Damit die TN aufeinander reagieren können, liegt nur ein Stift für jede Gruppe bereit. Dieser Schreibdialog vollzieht sich im Schweigen.

In einem anschließenden Plenumsgespräch werden die im Schreibgespräch gemachten Erfahrungen besprochen. Dabei weist die Gesprächsleiterin darauf hin, dass es in dieser Auswertung nicht darum gehen soll, die bereits notierten Assoziationen zu wiederholen, sondern darum, welche Fragen Gedanken und Empfindungen die TN jetzt bewegen.

Zusammenfassend kann die Gesprächsleiterin noch einmal betonen, dass das Bekenntnis zum Hl. Geist begrifflich kaum zu fassen ist. Deshalb sprechen biblische Texte auch in Bildern vom Hl. Geist. Atem, Wind, Sturm, Feuer, Taube sind solche Bilder. Sie alle machen deutlich, dass der Hl. Geist die Welt und Menschen verändernde Kraft und Lebensmacht Gottes ist.

Baustein 3:
Was mich hindert/fördert, an Gottes Hl. Geist zu glauben – Gespräch in Kleingruppen und im Plenum

Die Gesprächsleiterin erinnert die Zusage Jesu, dass er seinen Geist sendet. Als Christen glauben wir daran, dass mit Jesu Leben, Tod und Auferstehung Gott ein für alle Mal deutlich gemacht hat, dass er diese Welt nicht im Stich lässt, dass er durch seinen Geist in dieser Welt und in jedem Menschen wirken will. Der Glaube an diese Zusage Gottes ist allerdings nicht leicht, herrschen in unserer unheilen Welt doch oft ganz andere Mächte. Deshalb gilt es, sich immer wieder mit der Frage auseinander zu setzen, was es uns möglich macht, gegen allen Anschein an das Wirken des Geistes zu glauben. Dazu dient die folgende Arbeit in Kleingruppen, in der folgende Impulse erörtert werden sollen:

- Was hindert mich/ was fördert mich, an Gottes Hl. Geist zu glauben?
- Wo sehe ich in unserer Gesellschaft, in unserer Welt Zeichen des Hl. Geistes?
- Gibt es Erfahrungen in meinem persönlichen Leben, die ich mit dem Hl. Geist in Verbindung bringe?
- Was brauche ich in meinem Alltag, damit ich den Glauben an den Hl. Geist in mir lebendig halten kann?

Im Anschluss an die Arbeit in der Kleingruppe erfolgt ein Austausch im Plenum. Auch in diesem Gespräch geht es nicht um eine – wohl für alle Beteiligten langweilige Wiederholung – der bereits in der Kleingruppe erörterten Fragen, sondern darum, was die TN nun bewegt. Dazu gibt die Gesprächsleiterin folgenden Impuls: „Was geht Ihnen nach dem Gespräch in der Kleingruppe jetzt durch den Kopf? Was ist Ihnen durch den Austausch (neu) bewusst geworden?

Baustein 4:
Atme in mir, Heiliger Geist – Beten um Gottes Geist

Wenn im 3. Baustein das Beten um den Hl. Geist bereits angeschnitten worden ist, greift die Gesprächsleiterin diesen Gedanken auf und führt ihn weiter. Ansonsten führt sie ihn jetzt ein, indem sie davon spricht, dass das Gebet eine Möglichkeit ist, sich der Gegenwart des Hl. Geistes zu vergewissern. Sie ermutigt die TN, darüber nachzudenken, in welchen Situationen ihres Lebens sie besonders seines Wirkens bedürfen. Nach einer kurzen Einzelbesinnung bittet sie die TN, solch eine Situation schriftlich festzuhalten und einen Anruf an den Hl. Geist zu formulieren.

Baustein 5:
Komm, Heiliger Geist! – Wir beten und singen gemeinsam

Zum Abschluss lädt die Gesprächsleiterin die TN ein, ihr formuliertes Gebet zu sprechen. Dabei betont sie, dass dies eine Einladung ist, der die TN folgen können oder auch nicht. Wenn mehrere ihre Gebet sprechen, ist es schön, wenn zwischen jedem zweiten oder dritten Anruf eine Strophe des Pfingsthymnus (GL 241) gesungen wird. Folgt niemand der Einladung, wird der Pfingsthymnus gemeinsam gesungen.

Baustein 6:
Weitere Bausteine zur Erarbeitung des Themas

Metaphermeditation:

Gottes Geist ist für mich wie ... (Beispiele: wie ein reinigendes Gewitter nach einem schwülen Sommertag; ein Erkenntnisblitz, der mir in einer festgefahrenen Situation einen Ausweg eröffnet; ein unverhoffter Besuch, der mich aus meiner Trägheit holt usw.)

Biblisches Rollenspiel zur Pfingstgeschichte: Apg 2,1–11

Ziel des biblischen Rollenspiels ist es, dass die TN einen persönlichen Bezug zum biblischen Text finden und für sich Möglichkeiten entdecken, wie sie sich als glaubende Menschen weiter entwickeln können. Solch ein Rollenspiel sollte nur diejenigen anleiten, die damit schon Erfahrungen gemacht haben.

Folgende Struktur kann solch ein Spiel haben:

1. Die Spielleiterin führt die TN zum biblischen Text hin, indem sie kurz erläutert, in welchem Kontext der Text steht.
2. Es wird kurz der Sinn solch eines Spiels und die Rollenwahl erklärt: In solch einem Spiel können die Spieler alle möglichen Rollen, auch nicht im Text vorhandene wählen, z. B. auch Gegenstände oder die Gefühle eines Menschen wie die Begeisterung eines Petrus.
3. Der biblische Text wird zweimal gelesen. Sinnvoll ist es, ihn von zwei unterschiedlichen Sprechern lesen zu lassen und zwar so, dass die TN Zeit haben, sich in den Text einzufinden. Danach erfolgt die Rollenwahl.
4. Damit die TN sich in ihre Rollen einfinden können, erfolgt ein kurzes Interview der Spielleiterin mit den Rollenträgern. Dabei stellen sie sich in ihren Rollen vor.
5. Das Spielfeld wird bereitet und das Spiel beginnt, wobei die Spielleiterin keinen Einfluss auf das Spielgeschehen nimmt. Wenn sie den Eindruck hat, dass alle sich in ihren Rollen erleben konnten bzw. der Spielfluss ein Ende nahelegt, bricht sie das Spiel ab.

6. Es erfolgt eine Auswertung aus den Rollen heraus, indem die Spieler ihre Erfahrungen in folgender Weise mitteilen: „Ich als ... habe erlebt“
7. Damit deutlich wird, dass die TN eine Rolle gespielt haben, werden sie aus ihrer Rolle entlassen. Zeichenhaft wird dies dadurch ausgedrückt, dass die Spielleiterin hinter die Spieler tritt, ihnen die Hand auf die Schulter legt, und diese den Satz sprechen: „Ich bin nicht mehr ... ich bin...“ Diese Auflösung ist wichtig, damit die Spieler im weiteren Verlauf des Seminars nicht auf die gespielte Rolle fixiert werden.
8. Wenngleich die TN eine Rolle eingenommen haben, so haben sie in dieser Rolle auch einen persönlichen Anteil gespielt. Diesem gilt es in einer Einzelarbeit nach zu spüren. Folgende Impulse können dabei helfen: Welchen Anteil von mir habe ich gespielt? Kenne ich diesen Anteil auch sonst bei mir? Was sagt mir dieser Anteil jetzt? Wohin möchte ich mich aufgrund der gemachten Erfahrungen weiter entwickeln?
9. Abschlussrunde im Plenum unter der Frage: Was bewegt mich nach dem Spiel, der gemeinsamen Runde im Plenum und meiner persönlichen Auswertung, was ich dem Plenum mitteilen möchte?

Arbeit an weiteren biblischen Texten:

Die Texte können unter folgender Fragestellung besprochen werden:

1. Was wird hier vom Geist gesagt? Welche Wirkungen hat er?
2. Decken sich die hier geschilderten Erfahrungen mit meinem Glauben an den Hl. Geist?

Mögliche Texte für solch eine Arbeit sind: Jes 32, 15–20; 44,1–5; Ez 37, 1–14; Lk 4, 16–21; Röm 8,22–27; 1 Kor 12,3–7.12–13; Eph 4,1–6.

Körperübungen:

Anregungen dazu finden Sie in: A. Hecht, Unser Atem – Gottes Geist, in: B. Eltrop u.a. (Hrsg.), FrauenBibelArbeit, Bd. 9, S. 39–47.

(Ne)

Erntedank: Die Schöpfung in den Blick nehmen

Am ersten Sonntag im Oktober feiern Christinnen und Christen das Erntedankfest. Der Herbst hat begonnen, die Früchte des Feldes und der Bäume sind eingebracht; wir bereiten uns auf die ruhigeren Zeiten im Jahr vor.–

Stimmt das so eigentlich oder hängen wir eher einer romantischen Vorstellung nach, die sich längst überholt hat? Viele erleben sicherlich etwas anderes, ruhigere Zeiten brechen lediglich für diejenigen ein, die im Rhythmus mit der Natur leben. Aber wer macht das schon (noch)? In Zeiten, wo im Supermarkt ganzjährig die Vielfalt von Obst und Gemüse zu haben ist, wo regionale und saisonale Produkte eher ein Randdasein führen, wo viele Menschen von Allergien geplagt sind und die Natur meiden müssen, scheinen wir den Blick für den Rhythmus des Jahres verloren zu haben: Das Aufbrechen des Frühjahrs, die Reife des Sommers, die Ernte des Herbstes und die Ruhe des Winters.

Die meisten Arbeitswelten haben ganzjährig Saison, ruhiger und langsamer geht es für viele Menschen nur im individuellen Urlaub zu. Und selbst das nicht, wenn der Trend zum Erlebnisurlaub anhält.

Wir stehen vielmehr vor der Aufgabe – jede(r) für sich, Familien mehr oder weniger gemeinsam –, uns unseren Tages-, Wochen- oder Jahresrhythmus selbst zu geben, aus den vielfältigen Angeboten auswählen zu müssen (und zu können). Viele individuelle Freiheiten sind gewonnen, die uns jedoch gleichzeitig vor neue Fragen stellen: Wie möchte ich/ möchten wir es handhaben? Was ist notwendig im Alltag, was tut uns gut? Wo sind die kleinen Inseln im Alltag, wo die Seele baumeln kann, das Geschaffte gefeiert wird?

Es mangelt den meisten sicherlich nicht an Festanlässen: häufig gibt es irgendwas zu feiern, ist man eingeladen, lädt selber ein! Atemlose Gesellschaft, wir kommen scheinbar nie zur Ruhe. Die Anzahl stressgeplagter Menschen nimmt ständig zu, da ist gar vom Freizeitstress die Rede.

In der Psychologie unterscheiden wir zwei grundsätzliche Formen von Stress: „eu-stress“ und „dys-stress“ stehen für die positiven und negativen Anteile der Beanspruchung und Belastung in unseren Tätigkeiten. Wo die Freizeit als dys-stress – also negativ, nicht förderlich – bewertet wird, spätestens da gälte es die Bremse zu ziehen und dem/ der Gestressten zuzurufen: Weniger ist mehr!!

Für viele bleibt die Frage offen, mit welcher Haltung und was wir in unserem Leben feiern: Jedes Fest beginnt mit einem Anlass, einem Grund für die Feierlichkeiten. Dieser Anlass muss wahrgenommen und als wichtig erkannt werden.

Und es braucht Menschen, die diesen Anlass mitfeiern möchten. Und in vielen Festen ist das Danke-sagen zwar irgendwie enthalten, aber eben nur irgendwie. –

Tausend Blumen um mich her,
wie sie lachend stehn!
Adam hat nicht lachender
Sie am Phrat gesehen.
Hier die schöne, grüne Flur,
Hier, der Wald,
und der Waldgesang!
Oh, Natur, Natur,
Habe Dank!

(Matthias Claudius 1740–1815, Sämtliche Werke des Wandsbecker Bothen, 1. und 2. Theil,1775–1812)

Alle Weltreligionen begehen das Fest des Dankes für die Schöpfung: Schon Kain und Abel brachten ein Opfer von den Früchten des Feldes und ein Opfer von den Erstlingen der Herde als Dank an den Schöpfer. Später wurden im Judentum zwei Erntefeste eingeführt: Das Pfingstfest feiert die Getreideernte, das Laubhüttenfest im September/Oktober die Wein- und Gesamternte. In den christlichen Kirchen (z. T. auch regional verschieden) wird das Erntedankfest an unterschiedlichen Sonntagen begangen: Von den Kräuterweihen am 15. August, der Feier der herbstlichen Tag- und Nachtgleiche am 23. September in Nord- und Mitteleuropa, den protestantischen Bräuchen am Michaeltag (29. September), bis hin zum Dank für die Weinlese an der Mosel am ersten Novemberwochenende. Kaum jemand weiß, dass auch andere Feste Elemente des Erntedanks enthalten. Das Fest des Heiligen Martin gehört dazu:

die Martinsgans wird geschlachtet und mit neuem Wein begossen.

Gemeinsam ist allen Erntedankfesten das Innehalten, Erreichtes wird in den Blick genommen und gefeiert. Der Lobpreis des Himmels und der Erde für das, was wir eben nicht selber machen können, steht im Mittelpunkt. Das Erntedankfest stellt uns neu vor die Frage, für was wir im Leben danken möchten und fragt uns an, ob wir eine dankbare Haltung einnehmen können: Wem oder für was bin ich in meinem Leben dankbar? Was ist im Alltag so selbstverständlich, dass es aus dem Blick gerät?

Das Erntedankfest ist ein Fest, das uns an die Dankbarkeit erinnert. In diesem Sinne könnte jeder Tag – jeder Sonntag – ein Ernte-Dankfest sein.

„Wir pflügen und wir streuen den Samen auf das Land,
doch Wachstum und Gedeihen steht in des Himmels Hand:
der tut mit leisem Wehen sich mild und heimlich auf
und träuft, wenn heim wir gehen, Wuchs und Gedeihen drauf.
Alle gute Gabe kommt her von Gott dem Herrn,
drum dankt ihm, dankt, drum dankt ihm, dankt und hofft auf ihn!“

(Matthias Claudius 1740–1815)

Baustein 1:
Der Sonnengesang des Heiligen Franziskus

Im Gotteslob (GL 285) finden Sie den Sonnengesang des Heiligen Franziskus. Er singt in einzigartiger Weise ein Loblied auf Gottes Schöpfung. Sie haben die Möglichkeit diesen Lobgesang zu lesen, zu beten und zu meditieren. Der Sonnengesang eignet sich auch, ihn zu Beginn eines Spaziergangs oder einer Fahrradtour zu beten. So verändert sich der Blickwinkel für den bevorstehenden Ausflug.

Bitten Sie die Gruppe, sich einen Vers, ein Bild oder einen Gedanken aus dem Sonnengesang mit in den Tag zu nehmen. Am Ende ihrer Aktivitäten bitten Sie darum mitzuteilen, was im Laufe des Tages aus dem Vers, Bild oder Gedanken geworden ist.

Baustein 2:
Erarbeitung eines Dankpsalms

Psalm 8 gibt uns ein Beispiel für einen Dank in Form eines Gebetes. Lesen Sie ihn der Gruppe zweimal vor und bitten Sie die Teilnehmerinnen, selbst einen Psalm zu verfassen. Dazu können Leitfragen eine Hilfe darstellen:

- Wofür möchte ich in meinem Leben Dank sagen?
- Wie möchte ich Gott in meinem Gebet ansprechen?
- Welche Fragen möchte ich formulieren?

Tauschen Sie anschließend Ihre Gebete/Psalmen in der Gruppe aus. Wenn Sie mögen, kann die Gruppe eine Rückmeldung oder Anregungen zum Vorgetragenen einsammeln. Sie haben die Möglichkeit, sie in eine Wortgottesfeier o. ä. einfließen zu lassen.

Psalm 8

Die Herrlichkeit des Schöpfers – die Würde des Menschen

Herr, unser Herrscher, wie gewaltig ist dein Name auf der ganzen Erde; über den Himmel breitest du deine Hoheit aus.

Aus dem Mund der Kinder und Säuglinge schaffst du dir Lob, deinen Gegnern zum Trotz; deine Feinde und Widersacher müssen verstummen.

Seh' ich den Himmel, das Werk deiner Finger, Mond und Sterne, die du befestigt:

Was ist der Mensch, dass du an ihn denkst, des Menschen Kind, dass du dich seiner annimmst?

Du hast ihn nur wenig geringer gemacht als Gott, hast ihn mit Herrlichkeit und Ehre gekrönt.

Du hast ihn als Herrscher eingesetzt über das Werk deiner Hände, hast ihm alles zu Füßen gelegt:

All die Schafe, Ziegen und Rinder und auch die wilden Tiere,

die Vögel des Himmels und die Fische im Meer, alles, was auf den Pfaden der Meere dahin zieht.

Herr, unser Herrscher, wie gewaltig ist dein Name auf der ganzen Erde!

Baustein 3:
Entdecken an der Natur

Stellen Sie einen Korb mit mehr Früchten in die Mitte als Teilnehmerinnen anwesend sind. Achten Sie darauf, dass sie sofort genießbar sind. Bitten Sie jede(n) TeilnehmerIn, sich eine Frucht zu nehmen. Schauen Sie sich die Frucht genau an. Tauschen Sie aus, warum diese Frucht gewählt wurde.

- Welche Assoziationen haben Sie zu der Frucht?
- Welche Geschichten aus der eigenen Lebensgeschichte fallen Ihnen dazu ein?
- Was ist das Besondere an der Frucht?

Bitten Sie die TeilnehmerInnen, ihre Frucht mit einem guten Wunsch an eine(n) andere(n) TeilnehmerIn zu verschenken. Fordern Sie die TeilnehmerInnen anschließend auf, herzhaft in diese Frucht hinein zu beißen: Wie ist der Geschmack? Welche Assoziationen kommen mir dazu, welche Geschichten fallen mir dazu ein?

Bitten Sie jede Teilnehmerin, ein Loblied auf diese Frucht zu verfassen.

In einer Abschlussrunde bitten Sie alle Anwesenden, einen Gedanken, eine Geschichte zu nennen, die besonders angesprochen hat.

(CS)